U0043502

法國宮廷文化的創意美學

阮若缺 著

國立政治大學
創新與創造力研究中心
Center for Creativity and Innovation Studies

遠流出版公司

目錄

前言：法國宮廷美學光芒萬丈 6

法蘭西斯一世：文藝復興藝術的保護神 11
- 《蒙娜麗莎》的祕密 14
- 城堡建築 17
- 法蘭西學術院 21

凱薩琳皇后：帶動精緻文化的推手 25
- 吃飽吃好 27
- 人要衣裝？ 40
- 香粉與毒劑 41

安妮公主：可可女王 49
- 巧克力的功與過 50

路易十四：凡爾賽的太陽王 57
- 三千煩惱絲 58

‧芭蕾舞 63
‧紅底高跟鞋 67
‧時尚經營 71
‧香檳奇蹟 73
‧咖啡文化 78
‧乳酪二五八政治學 90
‧餐飲悲喜劇 95
‧魔鏡，魔鏡！ 100
‧凡爾賽花園 107
‧藝文成就 114

龐巴杜夫人：洛可可女神 119
‧因緣際會？還是悉心安排？ 120
‧洛可可狂潮 123
‧文學藝術是附庸風雅的利器 127
‧不勝枚舉的藝術精品 128

・水晶水晶亮晶晶 131
・建築鱗爪 134
・宮廷盛宴 136

瑪麗皇后：天真的拜金女 145
・瑪麗皇后多變的肖像畫 146
・皇后的小裁縫 149
・要命的髮型 151
・都是香水惹的禍 152
・維也納的甜點 155
・美女與馬鈴薯 157

拿破崙：一代梟雄 161
・名劍 162
・華麗珠寶 166
・氣味與女人 168

・美酒 170
・美食外交 171

歐仁妮皇后：帝國餘暉 177
・嬌蘭香水 178
・卡地亞珠寶 181
・訂做服飾 186
・LV行李箱 189
・外交手腕 194
・異國情調的中國館 196

結語 198
相關影音參考資料 202
參考書目 205

【前言】

法國宮廷美學光芒萬丈

人類是群居的動物，從有人類開始，便逐漸形成團體，他們會以特定的符號、圖騰及物品，來代表和劃定自我的象徵或地盤。經過時光的淬鍊，人類的物質文明與非物質文明積累無數，逐漸形成了一種生活藝術；有辦法的戀物者不僅想在世時保有，並希望永遠擁有；他們一則帶入墳墓陪葬，一是傳承給子孫或後人。

什麼東西值得留下？當然是具紀念價值、優雅精緻或貴重，難以割捨的東西，它具獨特個性，最好背後有個傳奇故事或祕辛，以凸顯自身與他人的差異性及優越性。換言之，能標榜自我特色、可炫耀及充滿珍奇性，都是令社會菁英愉悅和具享受特權的要素。而在十九世紀以前，歐洲這一小撮的佼佼者，自然是皇室，其中最令人驚豔的，莫過於法國宮廷，這當然得歸功於王室的重視與推動。

如今當大家一提到法國，第一印象往往是它精緻優雅的文化，而且它早已體現在日常生活當中。「巴黎不是一天造成的」，其背後是經歷了長久的淬鍊與積累。而最具承先啟後作用，締造法蘭西文化輝煌功績的，莫過於太陽王路易十四。或許人們只見成果，卻不知其中的一些趣聞軼事、滄桑轉折，它們往往才是令我們明白其所以然的關鍵，還有造成當代與後世歐洲乃至於全球性的影響。藉由史料的搜尋，筆者欲重新爬梳法蘭西的生活藝術以及其文化創造出來的美學價值，除了其實質的經濟利益外，對於該國國際地位的彰顯更不言而喻，對全體人類的影響力也十分深遠。

本書總共八章，分別介紹法國自十六世紀至十九世紀三位國王

／皇帝（法蘭西斯一世、路易十四、拿破崙一世）及五位皇后／公主／貴婦（凱薩琳皇后、安妮公主、龐巴杜夫人、瑪麗皇后、歐仁妮皇后）之宮廷生活品味與時尚風格，並與一些後人所獲得的啟迪及發揚光大的成果相輝映，盼能激盪讀者對追求真善美的靈感與其他事物的聯結，進而創造出更臻令人讚嘆的新世代文化與文明。

曾經有法國人問我，最欣賞法國哪一點？我毫不思索地回答：精巧細緻（la délicatesse）。它確實是法國文化的特色之一，甚至在日常生活食衣住行育樂中流露無遺，而法式風尚幾乎和「高級」、「奢華」畫上等號；然而魔鬼藏在細節中，有待人們去發掘，深諳提升產品附加價值三昧的法蘭西，在許多方面值得我們參考。

俗語說：「富貴三代才知吃穿。」其意涵就是人要生活安逸，有錢有閒，才有餘力精益求精，追求人生更完美的境界。在法蘭西最能引領細緻文化風騷的，首推宮廷文化，它將法蘭西美學發揮到極致，甚至對歐洲皇室產生巨大影響力，他們無不將凡爾賽的一切奉為圭臬，對路易十四則又妒又羨。太陽王令法國在文學、戲劇、芭蕾、建築、美術、音樂、飲食、奢侈品上締造歷史，引領風騷。

他前有法蘭西斯一世、凱薩琳皇后，後有龐巴杜夫人、瑪麗皇后及歐仁妮皇后，一脈相承，並發揚光大。有些是無心插柳，有的則是處心積慮，背後的小故事很具啟發性、趣味性，其中透露的文化底蘊、品牌的建立，對現代法國乃至於全世界文化創意美學及品味，又發生了哪些神奇的催化作用？讓我們來一窺究竟，明白其中奧祕吧！

法蘭西斯一世：
文藝復興藝術的保護神

法蘭西斯一世（François I, 1494-1547）有個綽號，叫做大鼻子法蘭西斯（François au Grand Nez），他稱不上什麼偉大的軍事家，在政治、經濟上的作為亦並不突出，然而卻被公認為法蘭西首位文藝復興（La Renaissance）的保護神，是個具有人文主義思想的國王。

由於出身旁系，在安古讕（Angoulême）長大，當時他也沒想到會繼承王位，母親自幼培養他的是對藝文的愛好及自由思想的追求。他的拉丁語教師德斯莫蘭，則灌輸了他一些新的思考方式。法蘭西斯一世的母親也是文藝復興式藝術的愛好者，她對兒子自然產生或多或少的影響。法蘭西斯一世對義大利藝術有股莫名的熱愛，在日後征服米蘭後，參觀了這座藝術之都，其壯觀的建築及驚世的畫作，令他讚嘆不已。回國後，對此念念不忘，於是派人至義大利搜購達文西（Leonardo da Vinci）、提香（Titian）、拉斐爾（Raphael）的名畫，並將米開朗基羅（Michelangelo Buonarroti）的一些雕塑運

法蘭西斯一世不僅是文藝復興時期藝術的守護神，也是當代各項藝文活動的贊助者。

Jean Clouet, *Francis I of France (1494-1547)*, c. 1530, Musée du Louvre

回法國；如今我們能在羅浮宮欣賞到的文藝復興時期鉅作，多歸功於法蘭西斯一世。不過，他曾有過一個瘋狂卻未能實現的念頭：把達文西的《最後的晚餐》這幅壁畫運回法國！果真獲得墨寶，自詡為「上帝女兒」的法國，可就更風光了。不過，至少他是把《蒙娜麗莎》（*La Joconde*）及大藝術家達文西「請」到法國了。此外，法蘭西斯一世贊助藝術家不遺餘力，這也樹立了法國王室支助藝術的傳統風範，萬寶龍（Mont Blanc）精品鋼筆亦承襲古風，於二〇〇八年藝術贊助限量發行「法蘭西斯一世系列」四八一〇款，向這位可敬的藝術知音致敬，同時也增添自己的企業形象。

《蒙娜麗莎》的祕密

這位熱愛藝術的國王邀請了眾多義大利藝術家抵法，最著名的當然非達文西莫屬，法蘭西斯一世並給予崇高的禮遇，將他安置於號稱「法蘭西花園」羅亞爾河谷的克勞斯・呂賽城堡（Clos Lucé）中，並經常前往聆聽受教。據說達文西病危時國王聞訊趕來，達文西是在法蘭西斯一世懷中嚥下最後一口氣。世間具此殊榮者幾希？愛好藝文的君王又幾希？至於達文西是自願赴法或遭法蘭西斯一世「俘虜」、「軟禁」，眾說紛紜；還有他心愛的《蒙娜麗莎》，「借」給法蘭西斯一世後，不見歸還，如今它可是法國羅浮宮的鎮殿三寶之一呢！此外，克勞斯・呂賽城堡除了因達文西的加持，再加上法國政府大力開發新景點，當今它每年參訪人數竟已超越附近另一座大古堡昂伯瓦斯（Amboise）了！

有人認為蒙娜麗莎是佛羅倫斯一名富商的妻子，也有人說她是一位義大利親王的表妹，還有人乾脆說她實際上是個男的，且就是達文西自己！又有人說那是他母親，她來自亞洲……。有一個問題

神祕的蒙娜麗莎，不僅畫布上的膚色深淺引發討論，就連雙手是粉紅色或白色，亦為爭論的話題。

Leonardo da Vinci, *La Joconde*, c. 1503-1507, Musée du Louvre

就更難回答了：羅浮宮博物館內珍藏的《蒙娜麗莎》肖像畫是真的嗎？一位十六世紀很有影響力的評論家曾極其讚賞地談論過她那雙粉紅色的手，然而，羅浮宮的這幅畫上，她的手卻是白色的！有人認為這顯然是件贋品。的確，《蒙娜麗莎》的假貨實在太多，而有些可能出自達文西之手，這位偉大的畫家習慣於畫幾幅相同的畫。羅浮宮的這幅畫的確是真跡嗎？人們仍不斷地質疑，蒙娜麗莎還是繼續地微笑，一句話也沒有說。蒙娜麗莎可遠觀不可褻玩焉，不過佛雄（Fauchon）曾出了一款用蒙娜麗莎迷濛雙眼做成裝飾的杏仁餡巧克力閃電蛋糕，想必眾人都寧可被電到也不願錯失品嚐吧！

城堡建築

法蘭西斯一世對建築亦具濃厚興趣，常帶著自己的設計草圖向達文西請益，而經過他改建、修築的傑作包括香波堡（Chambord）、羅浮宮及楓丹白露宮（Fontainebleau）。前者有可能出自達文西的設計，舉世聞名的「大樓梯」（Grand Escalier）是兩座互不交錯的螺旋扶梯，走不同梯子的人能相互看見，卻碰不在一塊兒！據說是為了避免國王情婦與皇后不慎碰面引起尷尬的巧妙設計。而由塔樓透下的自然光線，使城堡既不顯得陰森又增添幾分絢爛神祕的氣息；它於一九八一年即被列為世界文化遺產，堪稱建築特色。而楓丹白露宮，法文原意為「美麗之泉」，它的建築設計甚至開闢了一個藝術流派，即楓丹白露派，也被國際教科文組織列為世界文化遺產。王宮內部的壁畫更是堪稱一絕，其中代表作有《埃斯特蕾姊妹》、《獵神黛安娜》等。法蘭西斯一世想打造一個「新羅馬」，畢生共興建、擴建了八座城堡，融合了羅亞爾河的法式建築與文藝復興的義式風格，他的貢獻有目共睹。

楓丹白露宮內部的壁畫美侖美奐，是珍貴的世界文化遺產。陳錦輝／攝影

羅亞爾河谷為法國第三大葡萄酒產區，這兒葡萄除了種類獨特又多樣化外，沿河更是法國文化發展的重要據點；從查理七世到亨利三世為止，先後九位國王都常住於此區的城堡，至今法國人仍認為所謂純正的法語，非羅亞爾河谷一帶的口音莫屬，絕不是巴黎口音！早期城堡以軍事或打獵用途為主，到了十五世紀中期，取而代之的是滿足王公貴族們居住需求，又可炫耀展示個人財富與品味的宮殿式城堡，甚至藉著聚會考驗屬下對領主的忠誠度。它們不僅美觀而且舒適，細部的裝飾也愈來愈講究，譬如著名的雪儂梭古堡（Chenonceau），因多位女堡主的經營，內部陳設就特別具有女性精巧細心的特質。不過它還曾有段淒美的三角習題：話說亨利二世將這座美麗城堡送給心愛的情婦黛安娜・波提耶（Diane de Poitier），凱薩琳皇后自然吃味；一旦國王駕崩，她立刻把波提耶逐出城堡，將之據為己有。這段軼事更增添了古堡的神祕性。

法國人對古蹟的保護與文化的宣揚不遺餘力，考古學家曾在杜爾城附近意外的發現一處西元七三二年左右的古戰場遺跡，法蘭克人曾於此戰勝阿拉伯大軍。在這塊曠野中，只需按下身邊的按鈕，便有英語和法語的解說，儼然如一座露天自助博物館。

這些文化遺產，如今多座成了遊人如織的博物館，台、日、韓偶像劇也常前往取景，當然也有各國佳偶會預約場地舉行婚禮。愛做「皇帝夢」的市井小民可租不起，最多就是買個小紀念品，表示曾到此一遊，不過富創意的文創商品，除可令人發思古之幽情，部分收入拿來整修古堡，也算是功德一件。

法蘭西學術院（Académie française）

除了達文西，法蘭西斯一世也曾邀請過米開朗基羅及拉斐爾，可惜這兩位大師皆因故無法成行，不過其作品對法國文化都產生了深遠的影響。法蘭西斯一直有個構想，欲邀集各國出色學者參與，在法國成立歐洲頂尖的美學研究機構。依著名的利特雷（Littré）在《法蘭西語言詞典》給學術（Académie）下的定義：「文人、科學家、藝術家團體。」這三類人都是以博學多聞、學富五車著稱，其知識的匯集與交流，就是學術活動。而這個夢想直到十七世紀，路易十三晚期，由宰相呂希留（Richelieu）於一六三五年成立之。學術院成員最初是在某位院士家中輪流聚會，一六七二年後始於羅浮宮舉行，從一八〇五年至今，則在塞納河畔的法蘭西學術院開會。

法蘭西學術院具有雙重任務：一、規範法國語言；二、保護各種藝術。它的第一項任務是從建立之初就擁有的歷史使命，為此院士們要為語言的規範、明確度做努力，使其成為全法國人及所有使用法語者的共同資產。這些院士為了維護發展變化中的法語清晰性和純正性而工作，他們透過編撰固定語言使用的詞典來規範語言的正確運用，同時也經由他們的建議與參考，確定術語的名稱。

另一項任務則是資助藝文創作，這是學術院創立之初未預想到的。其資金來源是基金會捐獻或個人捐贈。至今法蘭西學術院仍保持著四十位「不朽院士」（40 immortels），院士為終身制，只有在一位院士過世後，才能補選新院士，而每一位都授予一把配劍，他們最主要的工作之一就是維護法蘭西語言的純淨；世上沒有一個語言像法語受到如此百般呵護，稱它為世界最美的語言，並非浪得虛名。再者，每年十月是法國文學界的熱鬧季節，各種文學大獎屆時揭曉，而「法蘭西學術院文學獎」便是四大文學獎之一，獲得殊榮可說是名利雙收，各界邀約座談不斷。而法蘭西斯一世早就明白話語權與文字權對整合一個國家，向鄰邦宣示主權，乃至宣揚國威的重要性。

凱薩琳皇后：帶動精緻文化的推手

沒有凱薩琳皇后推動精緻文化，法國的衣、食文明至少倒退半世紀。

Anonymous, *Portrait of Caterina de' Medici (1519-1589)*, c. 1547-1559, Uffizi Gallery

一五三三年，義大利梅迪奇家族為首屈一指的巨富，新嫁娘凱薩琳・德・梅迪奇（Catherine de Médicis, 1519-1589）嫁給法國國王亨利二世時，相當擔心「水土不服」，因此攜帶了衣飾、食物及一些生活用品，甚至製作這些東西的工匠也一塊兒陪嫁過去。這位出身於義大利富商梅迪奇家族的女子，亦將文藝復興最精緻的貴族文化和生活習慣一併帶入了法國。

吃飽吃好

一、刀叉與用餐禮儀

在此之前的法國，即使於宮廷中，豬、羊、野禽等都是整隻拿去燒烤，以刀子分食，再用手抓來吃；而女人是無法加入宴席的。但自從凱薩琳・德・梅迪奇嫁入法國宮廷後，女性開始可以與王公貴族一同用餐，禮儀也隨之大幅改變，包括用餐前洗手，以手取食的用餐習慣亦出現變化。最重要的是，凱薩琳皇后由義大利引進使用叉子的進食方式。起先宮廷人士認為用叉子吃青豆，簡直莫名其妙，跟自己過不去，但後來也逐漸適應，學著附庸風雅。且男士在貴婦面前，會不自覺地掩飾原先粗魯的飲食方式，細嚼慢嚥，輕聲細語，注重起餐桌禮儀。十六世紀之前法國人都是用手指取食，不使用叉子。當時上等人和下等人之區別，就是上等人用三根指頭取食，下等人則以五根手指抓食。欲洗淨手上汙垢，貴族餐桌備有洗指缽，其中盛有花瓣和香草浸泡的水。凱薩琳皇后雖引入叉子為餐具，不過是亨利三世訪問威尼斯後，才將它正式帶入法國宮廷。但之後的路易十四不喜歡用叉子，仍用手指，叉子一度銷聲匿跡。

到了十八世紀，叉子在法國才再度普及，且由原先的兩齒變為四齒，用叉子進食也成為地位與權力的象徵，譬如金叉子、金盤為君王獨有，貴族們只能使用銀叉、銀盤。還有，當時出席宴會的服裝、餐具的擺放、使用刀叉的規矩、餐桌的舉止都詳細規定，這些繁文縟節也為歐洲各國宮廷爭相仿效。

一八三〇年創立的克里斯多佛勒（Christofle）銀器，早已成為上層階級必備且爭相收藏的餐具、飾品。現在各式小湯匙、叉子琳瑯滿目，歐洲設計的樣式推陳出新，有些柄上還刻有家族的徽記。

二、桌布和餐巾

凱薩琳皇后同時亦使用桌布和餐巾。當時棉花是只在遠東以南的溫暖地區才能採集到的植物，而唯有與地中海貿易頻仍的義大利上流社會才大量使用。由於凱薩琳皇后的入主，法國宮廷不再以衣袖當擦嘴布，而是優雅地用潔白的餐巾和桌布。如今法國的高級餐廳，一定使用白色桌布和餐巾，只有快餐店才會使用紙桌布和紙巾，這也是分辨飲食場所等級的一種方式。而領帶其實是源自擦嘴布，逐漸演變成絲質精品，用於裝飾上。

三、盛葡萄美酒的玻璃杯

十四世紀後，雖開始使用玻璃杯，但它畢竟稀少又易碎，所以並非每位賓客都可擁有自己的杯子。想要飲酒的客人，必須召喚僕人拿葡萄酒來，喝畢後僕人會將杯子收走，洗淨後再供下一位賓客使用，這是當今玻璃製品普遍使用下，難以想像的不衛生舉措。

凱薩琳皇后來到法國後，將這個威尼斯的「舶來品」當作陪嫁物帶了過來，喝葡萄酒的玻璃杯上了餐桌，法國人因此學習到一邊觀察酒色微妙的變化，一邊享受喝葡萄酒的視覺、味覺、嗅覺樂趣。在此之前，他們則多半使用銅或錫製成的杯子飲酒，雖然牢固，卻缺乏了通透輕盈的美感。

四、食材

至於在食材方面，也產生極大的變化：當時法國人的餐桌只有肉類，然而義大利卻常食用魚類。再者新大陸的珍奇食材如番茄、玉米、南瓜、辣椒、青椒等，對歐洲餐飲文化也發生了革命性的影響。還有義大利較常見的蘆筍、香菜、朝鮮薊、花椰菜和紅色高麗菜，也都隨著凱薩琳皇后的到來，上了法國餐桌。如此一來，原本法國只有單調的豆類當配菜，頓時菜色變得豐富多元起來。現今我們怎能想像法式料理中沒有馬鈴薯的多菲內奶油焗薯泥，沒有青椒、番茄的尼斯燉菜?!

另外，亨利二世喜歡狂飲暴食，以此展示他過人的精力與健康；凱薩琳皇后則對美食有其特殊嗜好。據傳在一次宴會當中，凱薩琳皇后由於嘴饞，吃了過多的朝鮮薊心、雞冠和雞腰，差一點撐死呢！

五、甜食

據傳雪波（Sorbet）和冰淇淋也是凱薩琳皇后引進法國宮廷的，而法國的第一家冰淇淋店，也是在巴黎開首家咖啡館的西西里人波蔻（Procope）所創立，他可真有商業頭腦！在凱薩琳皇后七十大壽時，御廚特別設計了一款雪波：「梅迪奇炸彈」，凱薩琳皇后曾開心地說：「吃過這麼奇妙的美食後，可以放心確定真的有天堂在等著我們。」如今巴黎最夯的冰淇淋店，口味達數十種，它是位於西堤島（l'Ile de Cité）的貝地庸（Berthillon），遊客幾乎人手一支。這家講究天然水果製成口味的小店，尤其是森林野果口味的雪波最特殊，手持冰淇淋，漫步於聖路易島（l'Ile St. Louis）和西堤島之間，好個小確幸。

義式甜食在餐桌上具畫龍點睛的效果，當時的義大利御廚早就明白菜色起承轉合安排的飲食藝術了，這在法國無形間掀起美食革命。如今在法國乃至世界各地當紅的甜點馬卡龍，也都是凱薩琳皇后的故鄉產物，並在法國發揚光大。其酥脆與溫潤的口感，令愛遐想的法國人，聯想起豐腴富彈性的少女酥胸，因而戲稱為「少女的酥胸」。嬌貴的馬卡龍，在製作過程中，對周圍環境的溫度控制要求非常嚴格，一不留神即可能失敗，就連高明的老手，要做到顆顆飽滿圓潤而不破都不容易。

有此一說，馬卡龍最早出現在義大利的修道院，當時有位名為卡梅莉（Carmélie）的修女為了將之替代葷食，攝取較多蛋白質，而製作這種由杏仁粉為基底的甜點，因此又稱它為修女的馬卡龍。直到一五三三年佛羅倫斯共和國公主凱薩琳・德・梅迪奇與法蘭西王國國王亨利二世結婚後，公主的隨從、僕人和廚師也陪嫁到法國，才把義大利飲食文化和食譜一併帶到法國。

一些法國城市和地區宣稱他們所產的馬卡龍歷史悠久，種類多樣，尤其是在洛林（南錫和布雷）、巴斯克地區（聖讓德呂）、聖埃米里翁、亞眠、蒙特莫里隆、勒多拉、索村、沙特爾、科爾默里茹瓦厄斯和勃根地的聖克魯瓦。由法國亞眠出產的亞眠馬卡龍，是一種小而圓形的馬卡龍，麵餅由杏仁糊、水果和蜂蜜製成，最早記載日期在一八五五年。蒙特莫里隆城因為它的馬卡龍而著名，那裡還有一座馬卡龍博物館。Rannou-Métivier 公司是該城歷史最悠久的馬卡龍生產者，可以追溯至一九二〇年。蒙特莫里隆城的馬卡龍配方至今未變，保存了有一百五十年之久。洛林地區的南錫城有一段關於馬卡龍的有名歷史，傳說雷米雷蒙修女院的院長創立了一套叫做“Dames du Saint-Sacrement”的修女規矩，這套規矩在飲食方面相當嚴格，禁止吃肉。兩個修女瑪格麗特（Marguerite）和瑪麗－伊莉莎白（Marie-Elisabeth）據悉創造了南錫馬卡龍，以滿足她們飲食上攝取蛋白質的需要。她們因此以「馬卡龍姐妹」知名。一九五二年，南錫城為了紀念她們，以她們的姓氏取街名：Rue de la Hache，這也就是當地馬卡龍的誕生處。

到了二十世紀，巴黎的糕點師傅皮耶・赫梅（Pierre Hermé）在東京發明一種方法來呈現馬卡龍，利用三明治夾法將甜美的稠膏狀餡料夾於傳統的兩個蓋子層，成為新的小圓餅，更由於香料和色素的使用、溫度控制，使得馬卡龍更具彈性。相較於更早之前的小圓餅的甜、乾、易碎的特性，新的圓餅具備外殼酥脆的口感，內部卻濕潤、柔軟而略帶黏性，改良後的馬卜龍直徑大約為三點五～四公分之間。這位糕餅大師也因此紅回法國，而今更有馬卡龍的專賣店，也富含各式各樣的口味，甚至有抹茶口味。

現在有許多烹飪書籍也提供馬卡龍的食譜。不過，道地的法式小圓餅繁複多變的顏色、款式及口味調配，至今深受饕客歡迎。雖然在法國城鄉各地都能找到馬卡龍，但在其他國家僅有極少的城市能夠找到品質頂尖的馬卡龍。總店位於巴黎、分店遍布世界各地的拉杜麗（Ladurée），自稱是法式馬卡龍的創始者。其他以馬卡龍為特色的餅店，包括巴黎的老牌食品商店達洛約（Dalloyau）和佛雄（Fauchon），以及新近出現的、在巴黎和東京皆有分店的皮耶・赫梅（Pierre Hermé）。許多頂級法式餐廳也會製作或銷售自製的馬卡龍，例子包括巴黎的美心（Maxime）餐廳，以及全球米其林星星總數最多的餐廳侯布雄（L'Atelier de Joël Robuchon），東京的香奈兒餐廳（Beige）還以它當作小禮物送客人，讓人回味無窮。

另一種義式甜點泡芙（le petit chou），在蓬鬆張口的奶油麵皮中包裹著奶油、巧克力乃至冰淇淋。傳說泡芙十六世紀傳入法國，是當時來自義大利的法國皇后凱薩琳・德・梅迪奇的廚師波普里尼（Popelini）發明的。

泡芙的聲名遠播，在技術上被人們認為是偶然中發生的：奧地

在嬰兒誕生或新人結婚時，法國人習慣將泡芙淋上焦糖，堆成塔狀慶祝，象徵喜慶與祝賀之意。

« Croquembouche wedding cake » by Eric Baker - Own work. Licensed under CC BY-SA 3.0 via Commons - https://commons.wikimedia.org/wiki/File:Croquembouche_wedding_cake.jpg#/media/File:Croquembouche_wedding_cake.jpg

利的哈布斯堡（Haus Habsburg）王朝和法國的波旁王朝，長期為爭奪歐洲主導權戰得精疲力竭，後來為避免鄰國漁翁得利，雙方達成政治聯姻的協議。於是奧地利公主與法國皇太子在凡爾賽宮內舉行婚宴，泡芙就是這場盛宴的壓軸甜點，為長期的戰爭畫下休止符，從此泡芙在法國成為象徵吉慶、示好的甜點，在節慶場合，如嬰兒誕生或新人結婚時，都習慣將泡芙淋上焦糖後堆成塔狀慶祝，稱作泡芙塔（Croquembouche 或 pièce montée），象徵喜慶與祝賀之意。

正統的泡芙因外型長得像圓圓的包心菜，因此法文又名 chou 或者 chou à la crème，而長形的泡芙在法文中叫 éclair，意指閃電，不過名稱的由來不是因為外型，而是法國人非常愛吃長形的泡芙，總能在最短的時間內吃完，好似閃電般快速而得名。更誇張的還有 profiteroles，於包了香草冰淇淋的若干泡芙上，再淋上巧克力醬，光吃這道甜點，就讓人超有飽足感。

六、廚子

然而，令法國料理出現最大變化的，還是梅迪奇家族製作主菜的廚子，他們隨著凱薩琳皇后在法國定居下來，並研究運用當地的食材不斷地設計、推陳翻新，食材加人才，這成就了人們所謂的「法國料理」。

不過法國廚師可是挖空心思鑽研廚藝，很快就取代了義大利的領先地位。而酷愛美食的大胃王亨利四世，在他掌政時代，御廚拉瓦韓（La Varenne）出版了首次介紹法國宮廷料理的書——《法國廚師》（*Le Cuisinier François*），大獲好評，這也奠定了法國美食王國的名聲，從此，普通食物與高雅餐點有了絕對的分野。這本書很快就被譯為歐洲各種主要語文，從未有任何烹飪書有過如此驚人的國際影響力！如果今天有人誇耀「世上最好吃的食物盡在法國」，人們似乎也不會抗議；而菜單若以法文書寫，身價亦立刻上漲；此外，聽說上法國餐廳，會用法文點餐，還是日本男生把妹的招數之一呢！

人要衣裝？

凱薩琳皇后無意間對時尚也帶來廣泛的影響，十六世紀五〇年代，她推行在宮廷活動中排斥粗腰，之後的三百五十年，婦女們採用束腹，這鯨魚骨束腹是由花邊及鯨鬚或金屬骨架構成。使用它的婦女，腰圍被控制到三十八～四十三公分，甚至更細。天啊！當時女人連呼吸都有困難，怎麼能夠好好思考？原來這也是箝制女性思想的招數，跟裹小腳或三吋高跟鞋異曲同工。就連霸氣十足的凱薩琳，由於身高不到一百五十公分，也得穿上鞋匠為她設計的高跟鞋，以顯得身形高䠷些；結果令她在婚宴上可是出盡了鋒頭，並引發跟風。搞笑的是，開始時這種鞋跟超高，因此當時的風尚是女人們穿高跟鞋可得拄著拐杖走路呢！

另一項衍生商品是扇子，至少搧一搧可讓快被束縛得喘不過氣的淑女名媛們呼吸點新鮮空氣，又能展現嬌羞嫵媚體態，扇子上面美麗的圖畫也賞心悅目，可增加生活情趣。鼻煙壺也頗管用，聞一聞香粉，無形中運動一下橫膈膜，也就不那麼有壓抑感了。當時玻璃製品頗為珍貴，各種形狀的鼻煙壺成了送禮、自用的恩物。

香粉與毒劑

十一世紀十字軍東征時，香膏已由中東傳入歐洲，為歐洲人接受和喜愛。但十六世紀以前，法國香水工業還很落後，再加上因為擔心染上中世紀流行的黑死病或淋病，所以對洗澡非常排斥，更奇怪的是，甚至認為香皂也有毒。一五三三年凱薩琳皇后嫁給亨利二世時，也將香水文化引入，堪稱法國香水文化的創始者，她的專業香水師還在巴黎開了第一家香水公司。其實，當初她是為了防範政敵，從義大利帶來調劑師，替她配毒劑配方，後來反而無心插柳，促成了法國香水工業。雖然這技術是由凱薩琳・德・梅迪奇引入法國，然而成功推廣香水並發揚光大的是路易十四。

當時法國國王與貴族們穿著華麗，舉止也優雅，但令人難以置信的是，王宮內欠缺衛浴設備，貴族們只能在角落或花園方便，女士的蓬蓬裙倒是省去了更衣的麻煩，不過臭氣熏天的問題卻是無法解決。

而路易十四本人的衛生習慣以現代人的眼光來看，著實令人咋舌：他很少洗澡，有時僅在手上滴一些水而已。除了當時下水道工程不夠完善，也因為人們仍不忘十六世紀可怕的瘟疫，認為水中含細菌有礙健康，不宜大量使用。再者，早在亨利三世在位期間，已經引入叉子為餐具，然而路易十四仍以餐刀與手指進食，但這些都無損他的君威，甚至他的祖先亨利四世綽號為「風流綠騎士」（le vert galant），因不常沐浴，全身羊騷味，人們不將之視為惡臭，反而當作性感！貴婦們甚至趨之若鶩，他樂得寵妾成群，「香水混著體味才算迷人」的觀念竟油然而生。可見海畔有逐臭之夫，權位真是項強力春藥啊！

至於路易十四之所以認同香料商的地位，是有其經濟考量的：在十七世紀前半葉，法國已成為歐洲最大芳香產品的消費市場。聖西蒙（St. Simon）就曾說過：「從來沒有哪個男人如他這般喜愛香氣。」當時的路易十四還被稱為「最香的國王」（Le roi le plus doux fleurant）。他命令香水師必須每天調製出一種他喜愛的香水，否則就有被砍頭的危險。他最寵愛的香料業者馬西亞（Martial）對歐洲各王室影響力極大，甚至有資格與雇用他的貴族們平起平坐。

一六七三年，財政大臣柯爾伯（Jean-Baptiste Colbert）頒布「商法」，試圖管理他努力推廣的奢侈品交易，這項法令讓香料商工會成為六大商團之一，亦保障他們免稅購得來自印度的外國香料。十六世紀後半，佛羅倫斯人首度將香料介紹給法國的格拉斯人，此地的香料於是和皮革結合，遮去皮革發散出過濃的動物體味，這讓格拉斯（Grasse）頓時成為香薰皮革製造的大本營，產品更大受歡迎，同時也開啟格拉斯製造香料的大門。此外，柯爾伯並選定普羅旺斯省的格拉斯，做為芳香製品業中心，在十六世紀已是芳香皮手套製造中心的它，地位再度躍升，至今永保不墜。

還有，十七世紀開始採取新的推銷方法，一批有關香氛產業的書籍在此時首度出版，這些書極具影響力，作者皆為香水從業人員，他們的產品也供銷售。另外，報紙和當時的旅遊書亦不斷地報導巴黎最好的香水商與化妝品的動態，以及最熱門的美容產品和香水。法國似乎註定迅速竄升為香水這個高報酬產業的唯一中心。

不過路易十四也差點將好不容易打造的香水王國，拱手讓人。原來，他一六七〇年末就不再使用香水，因為他開始對香氛過敏，會感到噁心、頭暈目眩，這下可好了，一群見國王不再喜歡香味的跟屁蟲，也學著裝模作樣，貴婦甚至見到鮮花，就假裝昏倒！十七世紀末，香氛業的處境十分淒涼，技術上也沒有任何突破。

到了十八世紀，香水的命運則是另一番景象，路易十五的兩位寵妃龐巴杜夫人（Marquise de Pompadour）和杜巴麗夫人（Mme Du Barry）都超愛擦香水，宮中上下又紛紛效尤搞得香噴噴的，因此當時的法國宮廷有「香水宮廷」（La cour du parfum）之稱；而路易十五還曾於宴客時在鴿子的羽翼上灑香水，利用牠們到處飛舞以便傳香；不過不禁要偷偷問一句：牠們如果順便「嗯嗯」怎麼辦？言歸正傳，到了路易十六時代，他甚至將義大利香水及香皂製造者挖角到法國來，自此奠定了法國香水工業的基礎。

人們或許會認為女人應該比男人稍愛乾淨，但看看古代女性繁複的髮型，便知道那也好不到哪兒去，光是為了維持那又高又大又複雜的流行髮型，通常就數週不能洗頭，其氣味已令人尷尬；再加上為遮體味，身上噴了濃郁的香水，數味雜陳的效果，散發出的怪味兒嗆鼻程度可想而知。而當時男性香水為動物性香水，由麝香、龍涎香所提煉而成，不過隨著醫學及衛生日漸受到重視，大家也意識到臭氣足以危害健康，這麼一來，動物性香水退潮，植物性香水因此取而代之。

十八世紀中葉，法國香水是使用花瓣和水果等天然原料製造，但成本仍然很高。隨著化學工業的發展，人們開始採用人工合成的香水。它不但是項商品，更是種藝術享受，若時裝能刺激人們的視覺、觸覺，香水則可激發人們的嗅覺。而香水師用他敏銳的鼻子，聞出各種具細微差異的味道，調配出迷人的香氣，這個過程本身就是一種創造，他們的別名在法語中就叫做「鼻子」（Le nez）。

法國的香水工業在拿破崙統治時期，由於他鼎力支持而盛況空前，他鼓勵科學家投入對有機化學的研究，從而令法國香水工業產生革命性的變化，並開始領先世界各國。而拿破崙在戰爭期間，據說曾一天用掉十二公斤的華格納香水，這比當水喝還驚人。

至於其他有關香水的精采故事，我們先賣個關子，在瑪麗皇后、拿破崙和歐仁妮皇后的篇章再娓娓道來。

安妮公主：可可女王

安妮公主（Anne d'Autriche, 1601-1666）為西班牙王國菲利普三世（Philippe III, 1578-1621）與奧地利女大公爵瑪格麗特（Archidn-chesse Marguerite d'Autriche-Styrie, 1584-1611）之女。她也是太陽王路易十四以及奧爾良公爵（Duc d'Orléans）的母親，於一六四三～一六五一年，輔佐年幼的路易十四朝政。

巧克力的功與過

可可是於一六一五年由西班牙安妮公主嫁給路易十三時引進法國的。在她未出閣之前，便已熱衷品嚐可可，因此到法國時便帶了擅於製作巧克力的女僕入宮；當時巧克力十分珍貴，僅保留給少數宮中之人享用。一六四三年，路易十三駕崩後，王后承擔起攝政大任，對巧克力的喜愛更表露無遺。而王后的親信馬札漢（Mazarin）

安妮公主由西班牙引進提神的可可飲料，改變了當時法國宮闈的氛圍。
Peter Paul Rubens, *Portrait of Anna of Austria, Queen of France (1601-1666)*, c. 1622-1625, Norton Simon Museum

也酷愛這種飲料，還雇用了專屬的巧克力調製師。

路易十四登基後，巧克力成為皇室最時尚的食品，凡爾賽宮一週提供三次巧克力。路易十四的妃子瑪麗・泰瑞絲（Marie Thérèse d'Autriche, 1638-1683）亦是巧克力的愛用者，據說她心目中只有兩個愛人：國王和巧克力！凡爾賽更立下規矩，只讓上流社會人士享受這人間極品。但不知她是思鄉把它當水喝，還是未受寵愛把它當酒飲，總之年老時齒危髮禿，不曉得該不該怪罪巧克力？

一六五九年，路易十四批准巧克力大師傅大衛・夏優（David Chaillou）擁有相關專利權，並在巴黎開設第一間巧克力店，名為「國王的巧克力師傅」（Chocolatier du Roi）。在路易十五時代，宮中更將巧克力當作催情春藥，據悉龐巴杜夫人服巧克力是為了「暖血」（S'échauffer le sang），好「伺候」皇上。頓時宮中大興啜飲巧克力之風，至少，有些貴婦自以為像個大美女，喝了催情聖品就有機會飛上枝頭變鳳凰。

到了一七〇年，豔名遠播的瑪麗・安端奈特（Marie Antoinette）對巧克力情有獨鍾，法國王室的藥劑師黛堡（Sulpice Debauve）特別為瑪麗皇后調製了含藥劑成分的巧克力，方便吞嚥，他也成了有名的巧克力工匠。為滿足皇后多變的要求，他號稱巧克力具滋補及鎮咳去痰的功能，蘭花巧克力能夠強身，柑橘巧克力可提神，白芷巧克力會減少脹氣，杏仁奶口味則用來幫助消化，蘭莖粉巧克力甚至能加速病後康復！美味加健康，自然大受歡迎，再者又有瑪麗皇后背書，誰會不信呢？他的巧克力除了深受路易十六喜愛外，也是路易十八的指定供應商，之後查理十世、路易－菲利普（Louis-Philippe）也都要求黛堡製作巧克力。

一八〇〇年黛堡創立了法國皇室御用巧克力品牌，它是象徵尊榮的頂級奢華品。此外，黛堡也是首位將巧克力製成固體的先驅，以首創百分之九十九高純度可可含量的健康巧克力舉世聞名，不過似乎現今的巧克力行家認為，百分之七十四可可含量的巧克力才最可口。固體巧克力攜帶方便，這發明令它更加普及化，銷售量因此倍增。

一八〇七年，黛堡・嘉萊（Debauve & Gallais）這家巧克力店為慶祝弗萊德戰役勝利，還創造了史上第一塊巧克力杏仁豆，令顯赫一時的拿破崙深深著迷，因此黛堡乾脆將這款改名為「拿破崙」。事實上，它早已成了席捲歐洲上層社會與布爾喬亞階級的嬌客；如今也仍是宴客或送禮的高級食品，而這個品牌近年才在台灣打開市場。

巧克力早已經過民主化的洗禮，成了中產階級喜愛的零食。不過，它的功能僅止於食用嗎？法國藝術家派翠克・羅傑（Patrick Roger）於二〇一〇年用巧克力製作了一棵世上最高的巧克力聖誕樹，打破金氏紀錄，因此名聲大噪；之後甚至和時尚大師卡爾・拉格斐（Karl Largerfeld）一同設計了「巧克力套房」，他們大膽的創新及創造力，令世人嘖嘖稱奇。

法國巧克力如今雖非獨步全球，但講究美味的法蘭西民族不乏頂級巧克力工匠，它主要是和比利時、瑞士這兩個鄰國分食巧克力市場。

路易十四：
凡爾賽的太陽王

路易十四（Louis XIV, 1638-1715）是歐洲歷史上在位最久的獨立主權君主，在他親政期間（1661-1715），也是法國史上最光榮的時期，當時法國曾發動了三次大戰爭：法荷戰爭讓他建立霸權，在一六八〇年成為至高無上的歐洲霸主；大同盟戰爭則因為雙方厭戰而和解；而西班牙王位繼承戰爭最後雖由法國王孫繼承王位，不過卻使他締造的偉大形象在晚年摧毀殆盡。

路易十四將大貴族集中居住於凡爾賽宮，並把整個法國官僚機構集中在身邊，強化了中央集權。波旁王朝的榮衰，他都種下了不少因果。

三千煩惱絲

路易十四的服飾，一向是法國宮廷男裝所仿效的對象。他個子

路易十四從頭到腳都成了時尚，舉手投足在歐洲動見觀瞻，王公貴族們並爭相模仿。

Hyacinthe Rigaud, *Louis XIV (1638-1715)*, 1701, Musée du Louvre

僅一百六十七公分，除了得穿上高跟鞋外，假髮也是增加其高度的好行頭。一六五六年，法國還成立了假髮製造行會，假髮從此成了全歐流行時尚，而歐洲各國的法官也紛紛戴起假髮。不過，昔日英國殖民地香港的法官也戴銀白色假長髮，看來真有點滑稽搞笑。

一六五九年時，路易十四生病掉了許多頭髮，假髮因此成了他的必需品，更大為風行，當時法國皇宮不論貴族或警衛，都戴假髮，而一般平民則沒有權利，這種為了區分社會階級的做法，也讓理髮師或髮型設計師這行業自古就很吃香，當時宮中甚至還養了四十八名宮廷理髮師！路易十四駕崩後，長假髮逐漸退流行。而路易十五則因為出水痘而頭髮掉光，由於偏愛銀白色短假髮，又再度掀起新的短假髮時尚。

再者，太陽王的好惡，不僅引發男士的跟風，也影響了宮中貴婦的打扮。一六八〇年夏天，某日他結束打獵活動，回家時發現年僅十七歲的情婦方當芝女公爵（Marie-Angélique de Scoraille, Duchesse de Fontanges）以緞帶紮起頭髮，髮捲則散落於額頭上，風情萬種，於是國王要她以後就都梳這種髮型。女為悅己者容，宮中女子口耳相傳，次日全都做了同樣的打扮，後來甚至快速地風靡了全歐洲的王室，這種「方當芝頭飾」（Fontanges）就此流行了數十年。

更逗的是，波爾索（Edme Boursault）於一六九四年撰寫的喜劇《流行語》（*Les mots à la mode*）中，每一幕次都以當時最潮的髮型命名：從勃根地（bourgogne）到女園丁（jardinière），由老鼠（souris）到無恥（effrontée），甚至負心人（crève-coeur）。最令人驚豔的，當屬一六九〇年代的五斗櫃傢俱：頭髮沿頭中盤繞，層層堆疊，形成一組組抽屜！而蝴蝶髮型是凡爾賽舞會的亮點，很有看頭：羽毛狀珠寶飾品布滿女士頭部，每一回眸，鑽石搖曳閃爍，在燭光與鏡子輝映下閃閃發光。後來路易十六時代，假髮甚至出現如山水盆景般

方當芝女公爵自然垂掛的柔美髮型，在歐洲流行了百年之久。

Nicolas II de Larmessin, « Marie Angélique de Fontanges », c. 1681, Bibliothèque nationale de France

的裝飾，還有如帆船模型的髮型，這可能與殖民時代喜歡以航海為題材有關，且假髮高到幾乎是人身高的一半，成了引人注目和炫耀身分地位的方法。

時髦、昂貴已成為法蘭西時尚的基本準則，而為富人名流打理髮型的設計師，亦成了法國時髦的行業。好的髮型設計師能引領風騷、創造奇蹟，甚至令髮型隨著時裝季而有所變化。十八世紀時，若干髮廊集中在羅浮宮附近，生意興隆，這樣外地的旅客也就能到此將最新款的巴黎髮型帶回家炫耀一番了。

芭蕾舞

芭蕾源於文藝復興時期，是義大利宮廷盛宴的餘興活動。隨著法義兩國王室聯姻（亨利二世與凱薩琳・德・梅迪奇、亨利四世和瑪麗・德・梅迪奇），一些風俗文化也被帶入法國，並與法國宮廷舞相結合，形成如今芭蕾舞的雛形。

凱薩琳皇后對舞蹈尤其感興趣，以法國國母之姿，支持早期芭蕾舞的發展。其實芭蕾舞原本只是一種大型舞台藝術，融合了歌唱、舞蹈、朗誦、音樂和表演。凱薩琳並於一五八一年間製作了史上第一齣芭蕾舞劇（*Ballet comique de la Reine*），編創此劇的原因是為了慶祝她妹妹的婚禮，舞劇混合了歌詠、朗誦和舞蹈。舞蹈內容取材自希臘羅馬神話，貴族們爭相擔任要角，以芭蕾舞劇中的神話人物故事，間接歌頌自己的功績。當時只有貴族和國王才可以跳，演員清一色為男性，女角也由男子戴上面具扮演，因為人們認為若男女在舞台上肢體太頻繁接觸是猥褻的行為。而法國宮廷直到一六八一年，在《愛情的勝利》（*Le Triomphe de l'amour*）中，才有第一位女舞者粉墨登場。

竇加的《舞台上的芭蕾舞排演》，生動描繪了被稱為「歌劇院之鼠」、體態輕盈靈巧的芭蕾舞少女。

Edgar Degas, *Ballet Rehearsal on Stage*, 1874, Musée d'Orsay

路易十四天生有雙美腿，對芭蕾舞情有獨鍾，更藉機展現其魅力。他年少時曾參加宮廷芭蕾《卡珊德拉》（*Cassandre*）的演出，扮演太陽神阿波羅，由呂利（Jean-Baptiste Lully）編曲，伯香（Pierre Beauchamp）編舞；親政後更是大力資助芭蕾舞劇的發展。莫里哀（Molière）和呂利就曾一起合作過《逼婚》（*Le Mariage forcé*）、《貴人迷》（*Le Bourgeois gentil homme*）、《奇想病夫》（*Le Malade imaginaire*）等劇。呂利將舞蹈與戲劇合而為一，已得到人們的重視，他的另一大貢獻是，令舞蹈擺脫貴族的業餘圈子，走上了專業化的道路。

一六六一年，路易十四創立了世界第一所舞蹈學校，即皇家舞蹈學院，同時伯香也確立了芭蕾的五個基本腳位、十二個手位及一些舞步，且皆以法文命名，令芭蕾動作有了一套完整的動作體系，專業芭蕾演員因此應運而生。直到十九世紀以後，女演員才成為主角，服裝改為短裙，並穿著特製舞鞋踮腳起舞，形成了現代芭蕾。

紅底高跟鞋

其實高跟鞋是凱薩琳・德・梅迪奇帶入法國的，但她穿起來不好看，人又長得不怎麼樣，巴黎貴婦跟了一陣也就感到厭煩，未料後來竟是被路易十四給發揚光大了！話說愛露美腿的太陽王，在宮廷舞劇中擔任主角時，常藉機展現天生麗質的優點和他精巧迷人的鞋子。我們從里戈（Hyacinthe Rigaud）於一七〇一年畫的太陽王畫像，可見一斑，然而當時他已六十三歲！

拍馬屁的何止里戈，早在一六五九年，路易十四於波爾多協商與西班牙公主的婚事時，製鞋師傅雷斯塔吉（Nicolas Lestage）即為國王設計了一款繡上象徵法國王室的百合，布面為金黃色的東方絲綢，襯裡則為代表君王的深藍色，簡直是巧奪天工，貴氣逼人。據說婚禮當天國王對新鞋的關注，更勝於新娘呢。

路易十四之所以如此熱愛高跟鞋，部分歷史學家認為是因為他太矮，才不過一百六十七公分，要加上鞋跟高度，身材才顯得魁梧些。於太陽王晚年，當時一流的畫家甚至還投入王鞋的彩繪工作，范德默倫（Adam Frans van der Meulen）將描繪路易十四偉大戰役的迷你版場景，複製於國王的鞋跟上，後來他還下令只有貴族才能穿紅色高跟鞋，而誰的鞋跟都不能比國王本人的高，於是人們乾脆叫這種鞋「路易」。直到路易十六時代，在法國，高跟鞋是貴族的象徵，是社會地位的展現，出身低微者被稱為平足（pied plat），他們穿的鞋可沒有高跟的。

另一說是路易十四其實是想用鞋子對付宮女們。凡爾賽宮裡美女如雲，宮女們經常偷溜出宮與外面的人幽會，令國王惱火，為懲罰她們並防止她們亂跑，於是路易十四讓宮女們穿上有跟的鞋；這樣走路就不方便，還會發出聲音。起初宮女們很抗拒這種鞋子，然而當她們穿上高跟鞋後，發現它使人看上去高䠷柔美，鞋跟發出的清脆聲也十分悅耳，從此她們愛上這種鞋子，於是高跟鞋就此漸漸傳遍法國，之後又傳向世界。

此外，別忘了《灰姑娘》（*Cendrillon ou la petite pantoufle de verre*）的作者貝羅（Charles Perrault），他可是路易十四時期政績的重要宣揚者。這個童話故事不知迷倒了多少對白馬王子充滿幻想的女性，於是路易十四的宮廷貴婦們不約而同地穿上鑲滿珍珠的精巧女鞋，賣弄她們的性感；不久後還流行一陣子收集小瓷鞋風。

而弗拉戈納爾（Jean-Honoré Fragonard）一七六〇年的風俗畫《鞦韆》，更是將女性拖鞋以及美足與情色結合的最佳代表作：畫中女子正將鞦韆盪到半空中，全身穿著蕾絲長洋裝，左腳一伸，露出粉紅色拖鞋，十分誘人；情夫則眉飛色舞往上看她的裙底風光，一旁的天使食指置於唇上，做出「噓」的手勢，整個畫面充滿俏皮

弗拉戈納爾的經典畫《鞦韆》充滿浪漫氣息，為最具代表洛可可風格的作品。

Jean-Honoré Fragonard, *Les hasards heureux de l'escarpolette*, 1767-1768, Wallace Collection, London

的性暗示。

太陽王被視為最懂得穿鞋的君王，而當今法國鞋界紅人盧布丹（Christian Louboutin）開的第一家鞋店，就在巴黎立著路易十四騎馬銅像英姿的勝利廣場（Place de la Victoire）旁，致敬意味濃厚，這家名店的鞋底為紅色，也算是尊重傳統，凸顯品牌特色。

時尚經營

老實說，假如沒有時尚媒體報導時尚圈的動向，時尚產業則難以運轉和普及。一六七二年，尚・多諾・德維茲（Jean Donneau de Vise）開辦了報紙《文雅信使》（*Mercure galant*），其中除了報導時事新聞，也報導當紅社會新聞，還有藝術、文學、時尚與裝飾的潮流。《文雅信使》對創造時裝起了推波助瀾的作用，它的報導成了法國時尚業成形的鐵證。

那麼，在服飾方面，政府能扮演什麼角色呢？且看柯爾伯的做法。一六七〇年代末期，開始流行中國布料所製的高級服飾，他擔心會造成國庫空虛，遂下令將販賣東方進口貨視為非法行為，同時還對法國紡織商頒布一連串命令，要他們「模仿，最後要消滅」外國布料，如此才能讓時裝所有利潤落入法國口袋。此舉使得時裝在經濟上受到雙重束縛——開啟使用最昂貴布料的風潮，但要確保昂貴布料是由法國產業所生產。這或許不符合現今全球化自由貿易的思維，但在當時強權社會中，卻意外地迫使這個產業升級，精益求精。如今法國絲織業早已被東方相對廉價的絲織品打得七零八落，但高級場合的窗簾或布幕，仍堅持採用精美的里昂絲，唯有靠建立品牌，追求第一，才能脫穎而出，屹立不搖。若要進一步了解法國古典時尚如何從巴洛克造型演進成洛可可風格，請參閱「龐巴杜夫人」該篇。

香檳奇蹟

一六六六年時，貝里儂神父（Dom Pierre Pérignon）為香檳區（Champagne）漢斯（Reims）附近的歐維耶（Hautvillers）修道院酒窖負責人。據悉他是位視障者，由於眼睛看不見，其他的感官或許特別靈敏吧，因而造出這種人間美酒。事實上，有一回他不慎太晚將酒裝瓶，結果意外地釀出含氣泡的葡萄酒。再者，當時葡萄酒容器尚未使用軟木塞封瓶，而是用浸了油的麻布。某天一位西班牙修士到訪，貝里儂注意到他的水壺是使用軟木塞瓶栓；香檳區的冬天十分寒冷，因此秋天釀的酒，冬天休眠，等隔年春天來臨時才再度發酵。但是麻布會讓發酵時所產生的碳酸氣全部消散，若使用軟木塞便可將碳酸氣完全封存於瓶內。法國最著名的釀酒區不常吹改變之風，但貝里儂神父恰巧遇上百年技術和習慣重整的時機，他是第一個意識到二次發酵法，並將無氣酒變為帶氣酒的關鍵人物，因而令酒文化在法國產生了巨變。一直到他去世為止，正好與路易十四在位期大致相符，我們就姑且把這個酒文化的大躍進功勞，算在太陽王帳上吧！

路易十五的情婦龐巴杜夫人一般不太喝酒，但獨厚香檳，她認為，唯有香檳這種酒能讓女人在啜飲之後還能保持端莊美麗！有絕世美女掛保證，誰不想默默追隨呢？

由於這種備受稱頌的酒十分短缺，僅香檳區產的氣泡酒才能稱為香檳，價格自然水漲船高，舉凡喜慶節日時，王公貴族都會開香檳大肆慶祝，它那清脆的開瓶聲，更是噱頭十足。在英法歷史上，法國可能於戰爭中常吃敗仗，但法國卻利用食物，悄悄地多次征服英國人的胃。其中「香檳王」（Dom Pérignon）更是香檳製造商酩悅（Moët & Chandon）的頂級產品，這家公司創立於一七四三年，它同樣獲得之後的拿破崙及各國王室的喜愛。而真正為香檳酒奠基的，則是拿破崙，他稱帝後曾親臨香檳酒產區，品嚐過後，將之稱為「酒中之王，王者之酒」。如今酩悅早已發展成全球最大的香檳製造商，一九六三年推出的「香檳王」，是做為其行銷英國百年的紀念款，試圖征服英國人的味蕾。

再者，因為香檳氣泡容易消散，確實需要能夠保持氣泡的細長笛形杯（la flûte）；然而到了十八世紀晚期，笛形杯逐漸被碟形杯（la coupe）取代，這種寬寬的飲酒杯據說能讓飲酒的人鼻子更貼近氣泡，進而增添啜飲香檳的情趣。原來美酒也要有精緻的器皿裝盛，才更能凸顯它的優點。不過另有一說更令人噴飯：酒杯的形狀是依照龐巴杜夫人胸部尺寸設計的！

順便介紹一款有趣的香檳——凱歌香檳（Veuve Cliquot）。凱歌香檳之所以聞名四海，得歸功於一八五〇年接掌該家族事業的凱歌夫人。原名芭比－妮可・布莎登（Barbe-Nicole Ponsardin）的凱歌夫人，於二十七歲成為寡婦，繼承丈夫所留下的事業，她的膽識、心智、精力使凱歌香檳主宰俄國市場前後達五十年，而且在法國市場也佔有一席之地；一八六三年，她以八十九歲之齡逝世，當時這支香檳的年銷量高達三百萬瓶。

此香檳所釀造的葡萄來自八個特級葡萄園，這些葡萄在十八世紀時已屬於凱歌夫人的產區，它是由百分之六十的黑皮諾（Pinot Noir）與百分之四十的夏多內（Chardonnay）所釀成，呈金黃色澤，充滿花果香味，口感柔細，這支香檳常是市場最豪華的三或四支香檳之一。

「香檳貴婦」（La Grande Dame）是香檳區人們對凱歌夫人的尊

稱，以感謝她發明香檳轉瓶法（riddling），對精進香檳品質有偉大的貢獻。凱歌香檳酒廠於一九七二年還推出同名的「香檳貴婦」系列，來紀念香檳區最偉大的女性——凱歌夫人。凱歌香檳酒廠釀造出全世界第一支的粉紅香檳，它洋溢著幸福歡愉的氣息，極適合節慶場合飲用，並且還限量出口至其他國家，創造出全球流行的粉紅風潮。

一九九五年份更受到二〇〇二年《葡萄酒觀察家》（*Wine Spector*）雜誌九十四分的極高讚賞。至於在萬眾矚目下推出的粉紅香檳貴婦，酒體的結構本身以香檳貴婦為主體，再加入百分之十五布齊（Bouzy）的紅酒，滴滴凝聚精華。粉紅色酒汁帶著金銅色的光澤，泡沫細膩而優雅，氣味清香獨特，口感均衡而豐富；豐盈飽滿的果香氣息，尤其以成熟的水果如草莓芳香最為顯著。入口後即可感受其結構完美及餘韻悠長的獨特之處，做餐前酒飲口感特佳。

咖啡文化

咖啡豆並不是法國原產的植物，然而咖啡竟能在此發揚光大，影響世世代代，實屬奇蹟，它還驗證了文化的力量。中南美的咖啡傳入歐洲，要歸功於發現新大陸的哥倫布，但法國咖啡的流行，則另有管道。

在路易十四親政後，奧圖曼土耳其帝國特使為打開咖啡市場，將咖啡豆獻給國王，路易十四對新鮮事物充滿好奇，迷上這種異國飲料，儘管它又苦又澀，既然國王喜歡，王公貴族們亦不得不硬著頭皮喝下去。而路易十五則愛咖啡成痴，還會自己調製咖啡，與宮中的嬪妃分享。

波蔻（Le Procope）是巴黎最早的咖啡館，首位老闆來自義大利的西西里島，曾造訪該店的文人雅士不計其數。長袖善舞的波蔻曾在法蘭西劇院對面設了個攤子，提供簡單的飲料輕食。巴黎觀眾看表演中場休息時，吃點小東西的傳統習慣便從這時開始，一直延續至今。一六八九年，它成為演員們演出前後聚會的地方，莫里哀、哈辛（Jean Racine）都是常客。現今咖啡館坐落於拉丁區的老戲劇院街（Rue de l'Ancienne Comédie），聽侍者傳述，偉大的喜劇作家莫里哀，死後幽靈仍時而在此出沒呢！另外，店裡還有以路易十三時期宰相呂希留命名的「呂希留餡餅」，到此一遊，豈能錯過品嚐貴族等級的美食？在二樓洗手間附近，放了張伏爾泰（Voltaire）用過的矮木桌，可別小看它，那可是沾過一代哲人靈氣的古董。

十八世紀時，沙龍本是上流社會的重要社交場合，咖啡館僅為人們生活的一個點綴，遷客騷人愛群聚咖啡館，暢談民主、自由、平等、博愛等言論，啟蒙運動思想家伏爾泰、盧梭（Jean-Jacques Rousseau）、狄德羅（Denis Diderot），都曾在此種下歐美革命及社

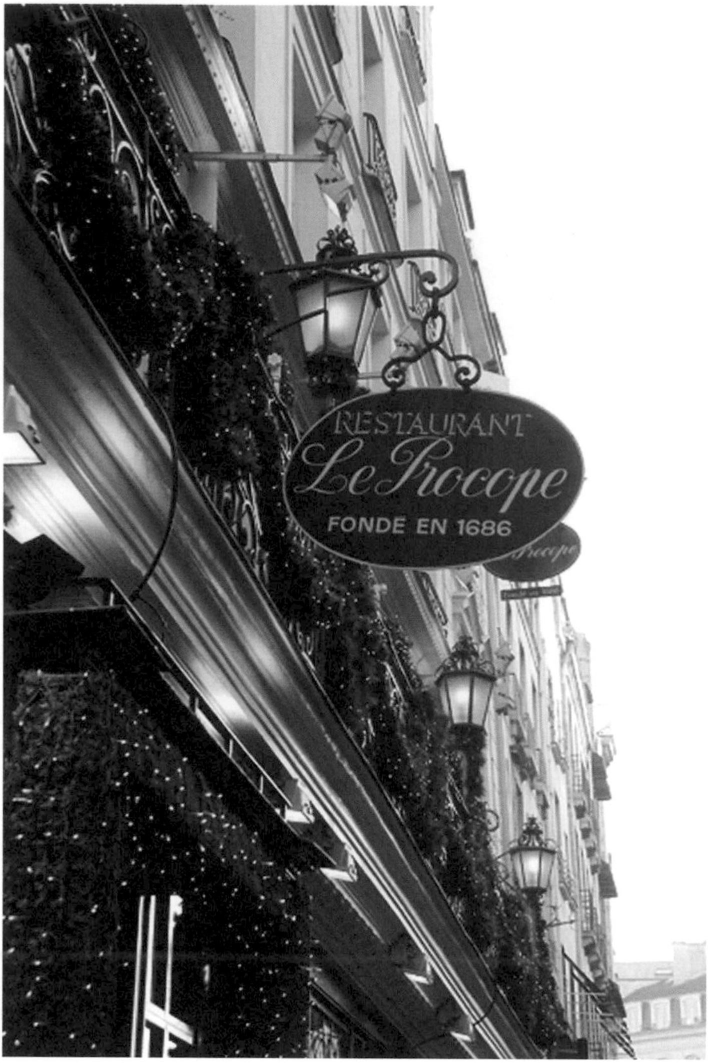

始於 1686 年的波蔻咖啡館是巴黎最早的咖啡館，此處人文薈萃，百花齊放。

Le Procope, Original uploader was Superlionhard at en.wikipedia - Originally from en.wikipedia

會發展的種子，且這些往日的沙龍貴客為咖啡館營造了文藝沙龍的格調。至於牆上泛黃的潦草字體，乃大師真跡，上面寫著：「女人就如同風車，一停下來就會生鏽。」這番毒舌順口溜，確實是伏爾泰的風格。還有，十九世紀的大文豪雨果（Victor Hugo），曾在波蔻咖啡館撰寫《悲慘世界》（*Les Misérables*），喝洋蔥湯時不慎燙到舌頭，大文豪喝過的湯，是不是也想體驗一下？更特別的是，拿破崙成名前聽說也是波蔻的常客，有一回光顧波蔻咖啡館，身上沒帶足夠銀兩，只好以帽子抵帳；如今這頂招牌帽子被保留下來，成了鎮店之寶，算是他曾光臨咖啡館的證據。現今每張椅子都標註要人的姓名，上門的顧客有幸沾個光，與其同坐過一張桌椅，也算是個觀光噱頭。

後來法國大革命三巨頭羅伯斯比爾（Maximilien de Robespierre）、但敦（Georges Jacques Danton）和馬拉（Jean-Paul Marat）也曾於此

暢言其政治理念。於是咖啡館儼然也成了平民的聚會所，人人都能進出，參與討論，只消點一杯咖啡，便可消磨個大半天。法國的咖啡館見證了時代的流變，在咖啡館裡品嚐的不只是咖啡，而是人間的冷暖、文化的精髓和歷史的玩味。就連馬克思（Karl Marx）、恩格斯（Friedrich von Engels）首次見面，也不免俗地在此暢飲一杯隆河葡萄酒（Côte du Rhôche）。事實上，另一個受歡迎的原因是它美麗的女老闆，當時的啟蒙運動大師狄德羅正因為欣賞她而經常上門光顧，好個「醉翁之意不在啡」！

另外，波蔻咖啡館還出了個新主意，即在館內張貼當天新聞，頓時它就成了資訊交流的場所，這也是其門庭若市的主因之一。最重要的是，波蔻明白只要讓店裡環境吸引人，顧客自然願意逗留；因此它的咖啡以銀壺盛裝，桌子是大理石的，天花板上垂掛著水晶吊燈，牆上還展示了珍貴的鏡子，波蔻咖啡館絕對是首批運用這種

十八世紀時，文人雅士常聚集在咖啡館，高談闊論、針砭時事，締造了文化百家爭鳴的昌盛時代。

Jean Huber, Le café Procope au XVIIIe siècle, Bibliothèque nationale de France

法國製造的奢侈品的商家，這些鏡子也無疑表示它對路易十四的擁戴，這種高檔的氣氛，吸引了不少上流社會人士。當時它之所以受歡迎，除了供應咖啡、茶、可可、具異國情調的雞尾酒，尚有各式精美甜點，包括冰淇淋，不過就是不賣啤酒，但如今法國已有咖啡啤酒屋（Café-brasserie）這種組合了。

另外，這兒也允許長久以來被關在家裡的女人在這兒現身，優雅的女士們來此除了炫耀最新的時尚外，也趁機觀賞他人的穿著打扮，這就是現代時髦咖啡館的雛形。而將婦女帶入法國咖啡館生活的觀念誕生於夏特咖啡館（Café de Chartres）——目前已改名為維佛大飯店（Le Grand Véfour），它一度是法國大革命的總部。如今餐廳內幾個座位上方掛有牌子，用來紀念在此曾用餐的名人，如拿破崙、柯蕾特（Sidonie-Gabrielle Colette）、柯克多（Jean Cocteau）等。

法國大革命對文化所造成的影響不亞於政治，基於「自由、平等、博愛」的信念，革命者把皇室宅邸羅浮宮改造為第一個現代博物館，所有人民都能前往參觀，沒有特權。再者，法國因而興起了一連串藝文運動，如浪漫主義、寫實主義、象徵主義、印象主義、立體主義和超現實主義，這是法國空前未有的文化百家爭鳴的昌盛時期，長達百年。就以印象主義為例，這些畫家極力探索的是人類的感知，尤其是視覺對光線的體驗，他們在畫中亦記載了當時農村生活中文化的轉變。此外，經過這場文化、社會、經濟與政治的巨變，劇院、音樂廳、報刊、書籍、餐廳和咖啡館展開公平競爭，結果文化公共領域應運而生，批評家比比皆是，他們告訴大眾什麼是好書、好劇本，誰是最優秀的畫家、雕刻家，最佳的餐廳與分店在哪裡，儼然成為人類精神生活品味的代言人。

到了二十、二十一世紀，各種咖啡館林立，包括酒吧咖啡館（Café-bar）、爵士咖啡館、歌唱咖啡館（Café-Chant）、喜劇咖啡館

（Café-théâtre）、閱讀咖啡館、俱樂部咖啡館、網路咖啡館（Cyber Café）等。想必這是古人料想不到的發展吧。

富凱咖啡館（Le Fouquet）是巴黎右岸傳奇性的文學咖啡館，就在香榭大道上，創立於一八九九年，樓上是餐廳，牆上的照片都是使這家咖啡館得以成為重要文化指標的法國藝文名人照。它也是羅傑・尼米耶文學獎（Prix de Roger Nimier）及《費加洛》（*Figaro*）雜誌的富凱發現獎（Prix de la Découverte de Fouquet）之協辦單位，這兩個獎項每年都會在此舉行頒獎儀式。一九八八年法國文化部已將它列為國家級文化遺產。法國前總統薩克奇（Nicolas Sarközy），也曾於當選總統之夜，在此和他的富貴好友們舉行慶功宴。

丁香園咖啡館（La Closerie des Lilas）創立於一八〇八年，是歷來象徵主義者、達達主義者和超現實主義者的集會場所，它同時亦吸引了多位美國作家。一九九〇年代，菜單上更出現了「海明威精

富凱咖啡館牆上的藝文名人照，使這家傳奇性的文學咖啡館成為法國重要的文化指標 。

« Fouquet's salle de droite » par Schnäggli - Travail personnel. Sous licence CC BY-SA 3.0 via Wikimedia Commons - https://commons.wikimedia.org/wiki/File:Fouquet%27s_salle_de_droite.JPG#/media/File:Fouquet%27s_salle_de_droite.JPG

選後腿牛排」，因為海明威在一九二〇至一九五六年間為本咖啡館的常客，他在回憶錄《流動的饗宴》（*A Moveable Feast*）與小說《太陽依舊升起》（*The Sun also Rises*）中都曾提及這家咖啡館。

圓穹頂咖啡館（Café du Dôme）於一八九七年開幕，開始只是法國工人和窮藝術家才會上門的小店，卻在兩次世界大戰期間成為藝術家中心，尤其是那些流亡的藝術家，如蘇汀（Chaïm Soutine）、查德金（Zadkine）、夏卡爾（Marc Chagall），他們的作品與紀念銅牌如今仍掛在咖啡店牆上。阿波利奈爾（Guillaume Apollinaire）還曾在一戰爆發前，於《法蘭西信使》（*Mercure de France*）中發表文章說：「就在這兒，人們決定德國人應該欣賞哪些法國畫家。」足見此處藝術家們的言論，多受到藝術圈的重視，甚至影響他國人的藝文品味。

花神咖啡館（Café de Flore）於一八六五年、雙叟咖啡館（Les

Deux Magots）於一八七五年開張，力普啤酒館（Brasserie Lipp）則在五年後開幕，這三家店都在聖日耳曼大街上，而且就在附近，它們吸引了來自全球「世紀末」（fin de siècle）的文學界人士，使聖日耳曼德佩區（St. Germain-des-Prés）於二十世紀上半葉成為巴黎藝術生活的中心。布拉克（Georges Braque）和畢卡索（Pablo Picasso）在雙叟推動立體派畫風；阿哈貢（Louis Aragon）、布列東（André Breton）及蘇波（Philippe Soupault）也於此發表超現實主義宣言。二戰期間，沙特（Jean-Paul Sartre）與波娃（Simone de Beauvoir）當空襲警報響起時，會躲到樓上寫作，波娃甚至在回憶錄中稱這兒為「我們的家」。最後，花神咖啡館也成了存在主義運動的總部，詩人兼劇作家傑克・斐維爾（Jacques Prévert）也常在衛生紙、餐巾紙或菜單上塗塗寫寫，二戰後，當他的諷刺詩再次發表時，受到許多粉絲的包圍。

力普啤酒館現在已成為法國國家指定的紀念性建築物之一，店內為裝飾藝術風（Art Déco），全由法國作家法格的父親與叔叔親自設計。這裡既是政治咖啡館（近代史上每一位總統都是座上賓），也是附近出版社和時裝公司創意人聚會的場所，知名文學評論家畢佛（Bernard Pivot）與知名哲學作家柏納－亨利・李維（Bernard-Henri Lévi）都是知識界的翹楚，此地的常客。

以上這些經文人雅士鍍上金的咖啡館，透過精采有趣的文化典故，更令人嚮往，這種不著痕跡的行銷手法，濃郁的藝文氣息，倒是把銅臭味沖淡了不少。

乳酪二五八政治學

高盧人的乳酪製造技術源自羅馬人，它除了像牛奶般具純潔、母性的意義，還多了項堅實感。乳酪製作可是大有學問，品質優劣與時間、氣候、品種、發酵方法、過程都有關係，它屬於一種難以「移植」的產業，尤其在交通不發達時期，更具地方性、侷限性。如今雖然在運送上不成問題，但某些乳酪無法量產，它相對地更顯珍貴。許多法國人的最愛，莫過於洛克福（Roquefort）這種藍紋乳酪，上面的藍紋便是黴菌，愛之者認為是人間美味，恨之者嗤之以鼻，避之唯恐不及，這是西方的「臭豆腐」，海畔有逐臭之夫，沒啥好說三道四的。路易十四於一六四五年甚至為乳酪簽署過法令，嚴禁除洛克福之外其他地方生產洛克福乾酪，他重視這項無形的文化遺產不遺餘力，可見一斑。

然而美國食品管理機構絕不讓洛克福這種發霉的乳酪進口，結果反而助長了走私挾帶闖關，真是名副其實的「人為食狂」！而加拿大魁北克法語區居民才不管那些「不懂吃穿」的老美哩！有人說，美國人根本是嫉妒法國美食，才想方設法「抵制法貨」。鵝肝醬也是在美國以仁道之名遭禁的人間美味！總之，法國人自己都不夠吃了，不外銷美國，反而是美國老饕的損失。不過，二〇〇二年後法國在歐盟的壓力下，也禁止強餵鵝，以取其肝製鵝肝醬，目前匈牙利反而成了養鵝大國，但它也已成為下個禁止餵飼的國家，據聞接手的可能是中國大陸。

路易十四以愛好美食出名，乳酪是他每天必不可少的食物，御膳房當然盡其所能討他歡心，其中卡蒙貝爾（Camembert）就因此聲名大噪。

卡蒙貝爾的起源眾說紛紜，比較常聽到的版本是出自一七九一年一位名為瑪麗・哈瑞（Marie Harel）的農婦之手，有一位神父為感謝她而傳授之。但乳酪達人詹肯斯（Steven Jenkins）在他的書中提到此說法乃子虛烏有，事實上是一九二六年時，某醫生把卡蒙貝爾當成處方，治療患有腸胃毛病的人，康復的患者希望能大力表揚卡蒙貝爾的神奇，它因而聲名大噪。維慕提耶（Vimoutier）的市長在諾曼地一八九五年的文獻中找尋到有關瑪麗・哈瑞的資料，但資料來源並不完整，而在另一份文獻中發現其實卡蒙貝爾早在一六八〇年就極受歡迎。不管真相如何，唯一能確定的是某個叫做瑞戴（Ridel）的男子，在一八九〇年發明有利於保存及運輸卡蒙貝爾的圓形小木盒，將卡蒙貝爾的美好運送到世界的每一個角落。

而路易十六時期，奧地利皇室曾舉辦一場乳酪大賽，法國的布里（Brie）乾酪一舉奪魁，自此它便享譽歐洲各國宮廷，可見風行草偃多麼具功效啊。更有一說，拿破崙征戰歸國前，曾給約瑟芬寫封信，叮囑她別洗澡，以保留「乳香」！另一則軼聞更扯，話說有一回僕人要喚醒拿破崙又怕他發火，於是拿乳酪湊近他鼻子，結果拿破崙竟睡眼惺忪地開口說：「約瑟芬，今天晚上不行！」不管這故事是真是假，約瑟芬有濃郁體味應該不會錯，否則就是拿破崙的嗅覺特別敏銳。

此外，法國人也曾和瑞士打過「乳酪戰爭」。傳說法國的乳酪有毒，瑞士因而拒絕進口法國的乳酪，為的是「保護國民健康」。但這顯然傷了法國人的感情，鄰居法國怎能示弱？於是立刻下令禁止向瑞士輸出高級葡萄酒。如此一來，瑞士的富人必須到法國才有好酒喝，瑞士酒商便損失了賣好酒的收入。而且法國與瑞士也曾為了爭葛瑞爾（le Gruyère）這種乳酪是誰的特產而吵鬧不休，結果似乎是迪士尼卡通中老鼠喜歡的有洞乳酪算是瑞士製造，而法國的葛瑞爾則沒有洞洞。

再者，法國持續將這項乳製品發揚光大，製作出世上最多種類的乳酪，並有A.O.C認證。它們的價格不一，藉此區隔了不同階層的消費客源。戴高樂（Charles de Gaulle）就曾妙喻過：「要治理一個具有二百五十八種乳酪的國家談何容易。」（Comment voulez-vous gouverner un pays où il existe 258 variétés de fromages?）要聽取多如乳酪的各方意見，並整頓二戰後百廢待舉的法國，對出身軍旅的他而言，何嘗不也是項挑戰。

餐飲悲喜劇

美食固然吸引人，漂亮實用的餐具也是餐桌上必備的品項。然而在西方把叉子放在桌上，起初還蠻令人緊張的，它會令人聯想到中世紀繪畫中，魔鬼用夜叉折磨該死者的場景！尚．阿努伊（Jean Anouilh）在他的劇作《貝克特》（*Becket*）中即描述湯瑪斯．貝克特（Thomas Becket）向亨利二世介紹義大利發明的叉子，強調它不會弄髒手指，沒想到國王竟說「這樣叉了不就髒了嗎？」；之後的路易十四，雖然講究美食，但仍堅持以手取食。

當時因為大家用手抓食，然後又用桌布擦拭，所以桌巾需要經常更換。而這種用手指吃東西的法國貴族飲食習慣，其實至今並未完全消失。直到今日，法國人仍習慣用手撕麵包吃，而不用刀切，同時還拿撕下來的麵包擦乾盤中醬汁來吃，翹個蘭花指，看起來還挺優雅的。吃沙拉時也不能用刀切，而是將菜葉以刀子摺疊之，再送入口中。

還有一些法國美食史不容錯過的故事。據當代人的記載，國王一餐就能吃掉四盤不同口味的湯、一隻野雞、一隻山鶉、一大盤沙拉、兩片厚火腿、大蒜肉汁燴羊肉塊，再加上一大盤各式甜點拼盤、水果和雞蛋，還會嚼若干肉桂糖，並喝上幾杯柳橙汁。目的是向眾人炫耀宮廷的富足，以及國王龍體均安。當個國王連飲食都沒自由，這豈是享受，簡直是受罪！皇室認為高貴之人必當攝取高貴食材，文藝復興時期的醫生就曾將珍貴寶石磨成粉，治療有錢有勢的貴族們；義大利的政治家羅倫佐（Lorenzo de'Medici）就曾服用珍珠粉，教宗朱利烏斯（Pape Julius II）則喝下液化黃金。這種信念延伸至貴族必須吃稀有高貴的食物，因此宮廷中人喜愛野生禽類，如雉雞、鷓鴣、鵪鶉等。甚至因為雲雀清脆的歌聲，而取其舌頭用蜂蜜烹調之。

此外，天鵝和孔雀亦經常出現在皇室的餐宴中，通常是先將其華麗的羽毛拔除，肉身燒烤後，再把它們裝點回去。可憐的天鵝還有另外的裝飾功能：聽說路易十四為了美化從巴黎到凡爾賽宮的沿途風光，在瑪黑區（Le Marais）的沼澤地，硬是抓來了多隻白天鵝來點綴，結果造成牠們大量死亡！但手卜則將之大批更換，繼續維持這人造景致。另外尚有更稀奇的蒿雀（Ortolan），牠僅大拇指大小，很難捕捉，烹煮前得先浸在白蘭地中淹死，再拔毛處理，而後盛在小盅碗內；由於風味十分容易散發，因此打開碗蓋前會用餐巾將碗連蓋一同罩住，以維持每一口的味道。如今蒿雀已是保育類動物，但就連法國前總統密特朗（François Mitterrand）罹癌去世前不久，仍不改老饕本色。我們就姑且盲信這道稀世珍品不僅味美，且具延長壽命的功效吧！

另外，一六八八年，好大喜功的太陽王為了向情婦德拉瓦麗葉（Louise de la Valière）示愛，在凡爾賽宮為她舉行了一場為期三天的生日盛宴。當天所有侍者依四季穿著繡有不同圖案的服飾：如春天是以織有十二個園丁提著裝滿果醬的花籃為圖案的衣服；夏天為收割者；秋天則是十二個摘採葡萄的工人盛滿葡萄的籃子；冬天的圖樣為老人提著裝滿冰塊的籃子。法王路易十四的鋪張，因而為法國美食之路奠下了「太陽王禮儀」的根基。

十七世紀著名的塞維涅夫人（Mme de Sévigné）在致友人書信

中，提及大廚瓦德勒（François Vatel）的軼事，更彰顯了太陽王的霸氣。曾為財務大臣富凱（Nicolas Fouquet）的家務總管，後來則是侍奉孔代親王（Prince Condé）的瓦德勒，某天親王宴請路易十四，正值星期五齋戒日，不能食肉，只能吃魚；然而瓦德勒一早發現宴請國王及嘉賓的鮮魚尚未送達，眼見即將蒙羞，內心實在難忍，於是他選擇自殺謝罪，更糟的是，在他垂死之際，鮮魚送到了。

為了主人的一場週五多達五、六百人的盛宴，偏偏天主教徒當日又不吃肉類，而菜譜只能是魚類、海鮮和蔬菜，著實把名噪一時的瓦德勒給逼急了；不過真有人會為鮮魚自殺嗎？這一直是個謎，然而在電影《烈愛灼身》中，劇情顯示瓦德勒正在追求路易十四的情婦，他撲向劍尖自殺的原因不是因為海鮮未到，顏面盡失，而是為了無法得到的愛情……

插播一句：巴黎有間餐廳，就叫小瓦德勒（Le Petit Vatel），堪稱巴黎最小的餐廳，僅可容納十二人，它不接受預約，也不接受信用卡。同理可推，我們也有餐廳會取名為「易牙」或「小易牙」，沾點古人之光又何妨呢。

魔鏡，魔鏡！

在古代，埃及人和希臘人最早的鏡子是銅鏡，但是也有人使用金、銀製成鏡子。在法國，玻璃鏡子則可能是十四世紀時的洛林公國（Lorraine）首度製成。十四世紀時，金屬製成的杯子不稀奇，然而玻璃杯非常稀少且易碎，因此並非每位賓客都能有一個杯子，得輪流使用。想飲酒的客人，必須召喚僕人拿酒來，喝完後僕人則將杯子收走，洗乾淨後再供另一個客人享用。到了十六世紀初，威尼斯製鏡工人才全面掌握了鏡子的生產技術，然而法國玻璃工匠長期多次嘗試，卻始終無法做出義大利式的鏡子，威尼斯商人因此穩坐這項高級產業的龍頭。當時年輕好炫又自戀的太陽王自然是鏡子的頭號顧客之一，光是一次為他的情婦德拉瓦麗葉裝潢房間，就曾買了一百四十四面鏡子！

財政大臣柯爾伯上任後，在開源方面，推行先進的重商主義，重設法國的東、西印度公司，使法國的殖民與商貿活動大幅推展，並讓國內的經濟快步起飛，好提供路易十四建立霸業的雄厚金援。在節流方面，柯爾伯決定不再虛擲日漸空虛的國庫，購買昂貴的奢侈品。於是他想出釜底抽薪的法子，派使臣彭吉（Pierre de Bonzi）去義大利重金禮聘一流的製鏡工匠，利誘他們到法國。在十七世紀，這是項最高層級的商業間諜行為，威尼斯當局為了保護財源，防止工匠洩漏機密，早已放話必嚴懲企圖逃跑的工匠。大使彭吉則利用一名日用品商為仲介，終於挑出幾位適當人選；當威尼斯法官察覺第二批工人離開義大利時，他已經準備送回第一批人啦！

太陽王越玩越大，一六七六年他甚至將鏡子變成戶外裝飾的一部分，布置了第一間鑲滿鏡子的洞室。此外，路易十四更持續打造史上耗費最多鏡子的鏡廳（Galeries des glaces），做為他在位期間最具紀念價值的建築——凡爾賽宮的中心焦點，它是由建築師孟薩（Jules Hardouin Mansart）和宮廷畫師勒布朗（Charles Le Brun）花兩年時間設計完成的。鏡廳不僅是令人眼花撩亂的設計宣傳，同時也是宣告法國已接收製鏡產業的招牌。十七片巨大無比的圓頂鏡面，將鏡廳變為無限延展的光之拱廊，且每面鏡子都正對著一扇同樣大小的窗子，往外看便是出自勒諾特（André Le Nôtre）之手的庭園設計傑作。

由鏡廳往外看，凡爾賽宮的御花園，堪稱戶外景觀的精品，經過人工藝術改善過的大自然中，充滿花、樹的芬芳，一旁的古典雕塑可滿足視覺及觸覺的享受，貴族在林中狩獵、追逐女人嬉戲，於草地上野宴、跳舞，又可在運河上泛舟，還能於露天觀賞莫里哀和呂利的芭蕾喜劇，這儼然就是人間仙境。

不僅歐洲的王公貴族讚嘆鏡廳之美，起而效尤自不在話下，就連遠自亞洲暹羅國的納葉王（Phra Narai）都派了文武百官使節團前來觀摩這項工藝奇蹟，並於一六八七年回國後向法國王室工廠下了一筆四千面鏡子的訂單。反觀威尼斯因為拒絕創新，只能依舊吹玻璃，其製鏡業在十八世紀中期則幾乎消失。

此外，一六九九年，當時凡爾賽宮的首席建築師之一德・柯特（Robert de Cotte），將室內裝潢向前又推進了一大步。他將八十乘四十二吋的大鏡子，掛在新落成的馬利宮（Château de Marly）的壁爐上。他在十八世紀初是當代最時髦的聖日耳曼區諸多豪宅的幕後設計者。很快的，德・柯特聲名遠播，他行遍歐洲，重新設計或裝

凡爾賽的鏡廳，為美學表現極致，極具國家榮耀的象徵；但也因此成了國際政治角力的場所。

« Chateau Versailles Galerie des Glaces » par Photo: Myrabella / Wikimedia Commons. Sous licence CC BY-SA 3.0 via Wikimedia Commons - https://commons.wikimedia.org/wiki/File:Chateau_Versailles_Galerie_des_Glaces.jpg#/media/File:Chateau_Versailles_Galerie_des_Glaces.jpg

爵城堡（Vaux le Vicomte）更為雄偉壯麗的建築，而門面氣派的凡爾賽花園即在富凱鋃鐺入獄後的第二個月便正式大肆動工，好讓太陽王吐口怨氣。

花園座落於宮殿西側，從皇宮二樓中央的鏡廳處朝外眺望，近處為花園，遠處是林園，人們的視域可循中軸線達八公里之外，一望無際，令人心曠神怡。

凡爾賽花園的主要設計師是勒諾特，他為花園的建造付出畢生心力，此外尚有當代的許多建築師、藝術家、園藝家、雕刻家、畫家及水利土木專家，都為打造花園做出相當程度的貢獻。在講究完美，近乎苛求的路易十四親自參與督導下，開創了一個法國園林藝術的新時代。歐洲許多國家的王室對凡爾賽及其花園稱羨不已，進而紛紛模仿，修建自己的王宮與花園。如俄國沙皇彼得大帝在聖彼得堡郊外修建的夏宮、奧地利皇后瑪麗亞・特蕾西（Maria Theresia）

於維也納修建的美泉宮（Schönbrunn）及皇家花園、德國的腓特烈・威廉二世（Friedrich Wilhelm II）在波茨坦的無憂宮（Sans souci）與園林，以及巴伐利亞國王路德威希二世（Ludwig II）所改建的海倫基姆湖宮（Herrenchiemsee）花園等，都是仿照凡爾賽花園修建完成的。由此可見建築文化複製的影響力既深廣也持久。

整個歐洲將凡爾賽宮當作禮儀與藝術的模仿對象，日後法國建築師遠至東邊的摩拉維亞（Moravia）受聘設計皇宮居所；勒諾特則為溫莎（Windsor）和卡賽（Cassel）設計花園；其他國外建築師也來巴黎尋找靈感。而法國的雕像亦充斥歐洲，直至每一位王子都擁有如法王騎馬英姿的雕像為止。這可說是史上空前絕後，如此快速且完美的文化勝利。

此外，凡爾賽花園還有其他功能；好大喜功的路易十四講究排場，早在建園之初，即提出要求，園中要能舉辦盛大的宮廷聚會。

凡爾賽花園的法式庭園呈幾何圖型，象徵古典主義講究的規則與秩序。
Pierre Patel, Le Château de Versailles en 1668, from *Social Historical Museum*

而在花園的劇場舉行戲劇表演，也是宮廷貴族們最喜愛的消遣活動之一。路易十四非常愛好戲劇、音樂、舞蹈，宮廷裡因而養了一些著名的劇作家、樂師，凡爾賽宮頓時成了表演藝術園地。

劇作家莫里哀和音樂作曲家呂利，就為太陽王製作了好幾齣芭蕾舞劇，他們倆從朋友變成互相爭寵的死對頭，但都無不效忠路易十四，鞠躬盡瘁死而後已：前者在演出《奇想病夫》一劇，於舞台上大量吐血，返家後便告別人世；後者則在凡爾賽宮指揮一篇激昂的樂章時，指揮棒不慎摔落，戳到自己的腳，最後因遭感染，敗血症而亡。

當然，在花園裡走動穿梭，確實是展現花俏時裝、髮飾的絕佳場所，貴婦們無不藉機爭奇鬥豔，無形中它在散播時尚文化上起了巨大作用；而男士們則於其中討論時政、議論宮廷生活、傳播花邊新聞，甚至朗誦最新發表的詩詞、小說，講述最近發生的趣事軼聞等，甚至有打獵活動，這些都屬於法國園林衍生文化的一部分。而如今凡爾賽花園中種的蔬果，製造的果醬、蜂蜜，也成了它的周邊商品，頗能滿足觀光客的虛榮心：雖當不上貴族，至少可嚐到他們園子裡的果實，彷彿與他們平起平坐。

法蘭西就是這麼一個擅長於運用老祖宗資產，創造經濟效益的國家；為了增加觀光收入，他們還設計了「路易十五私人套間之旅」，以滿足觀光客對其情婦閨房蒐密的偷窺慾！還有一則好萊塢八卦：湯姆・克魯斯（Tom Cruise）曾大手筆為妮可・基嫚（Nicole Kidman）包下凡爾賽宮一天。據報導，他倆在不受干擾，不必排隊，沒有攤販，也無觀光客擋住視線的情況下，度過浪漫奢華，宛如太陽王王朝再現的一日。

如今每年七月和九月的兩個週末，凡爾賽宮還會舉辦夜間煙火秀，配合聲光效果以及穿著當代服飾的演員，讓遊客們體驗路易十四時代的宮廷盛況，噱頭十足。

藝文成就

路易十三時期的首相，紅衣主教呂希留，也是路易十四兒時的攝政王，他的一系列藝文成就，引起歐陸各國莫大關注。路易十三晚期，他輔佐國王成立法蘭西學術院，以保護和推進法語的發展，並為藝術文科類創立了許多研究院。路易十四在位時，法國戲劇進入了黃金時代，出現了高乃依（Corneille）、哈辛、莫里哀等戲劇大師；在繪畫方面，尼古拉・普桑（Nicolas Poussin）成為新藝術風格古典主義的創始人之一。凡爾賽皇宮即為當時法國王室文化力量的最佳體現：它展現其結合了建築、藝術、工藝、玻璃、瓷器、掛毯等技能，為整個歐洲宮殿樹立了典範。路易十四讓法國一躍而成歐洲文化中心，法語成為外交語言，在他統治時期，法國更穩居歐洲時尚品味中心的地位。

一六三四年，攝政王呂希留設立法蘭西學術院，最初目的是控制文人，並要他們替政府向國內外的批評提出辯護。太陽王路易十四非常重視文學、建築與美術，負責替國王保管收藏品的勒布朗就為路易十四自歐洲各地蒐購藝術品。王室鼓勵藝術創作，並發年金給藝術家：高乃依、哈辛、莫里哀為當代三大劇作家，還有作曲家呂利，都曾是皇室中的紅人；直到如今，有不少法蘭西劇院演員，如公務員般領國家薪俸。路易十四是有政治目的的，最主要想藉表演藝術，監控貴族，拉攏人心，以防他們在地方坐大造反。而哈辛在晚年封筆，受路易十四情婦曼德儂夫人（Madame de Maintenon）之邀，轉而擔任御用史官。

路易十四這位強勢的君主，決定將法國改造為一個超級商業強國，在財政大臣柯爾伯的輔佐下，締造了一個奢侈品貿易市場，與荷、英、西等殖民國作區隔。這位堅持品味格調的君王和精明幹練的重商臣子攜手形塑打造了法國新形象，關鍵年代為一六六一～一六八一，黃金的二十年。柯爾伯並與全國商業菁英合作，務必把高級商品買賣的每個層面——從貿易規章到進口稅——調整到符合國內商業集團的利益。其實柯爾伯實施此經濟政策的原因並不複雜，概念極簡單：為了要增加國庫金銀的存量，就得盡量減少進口、增加出口，必須採取保護藝術文化與發動貿易戰爭。因此，物品要以法國製造為主，當然代表王室象徵的凡爾賽宮帶頭，盡可能採購法製的奢侈品。

由於太陽王龜毛的習性，替法國上流社會設定了一套審美文化，至今仍然屹立不搖。他為了管理凡爾賽宮內上千的人口，建立了一套繁文縟節，將每個貴族階級的穿著、舉止訂出明確的規範，稱之為「禮節」（étiquette），譬如：假髮的高度、高跟鞋的高度、裙擺的長度，甚至國王召見時所站的距離與位置都有規矩的，這些對法國的名聲、形象、乃至貿易都起了巨大的作用。再加上史上出了多位傑出的藝術家、工藝家，締造了多項美譽，如發明香檳酒及瓶塞的貝里儂神父、鑽石交易商——尤其是藍鑽切割高手的塔弗尼爾（Jean-Baptiste Tavernier）、打造凡爾賽宮鏡廳的工匠、法式庭院設計的勒諾特，甚至還影響浪漫主義和十九世紀女性購物史的精美雨傘、向傳統料理食材與味蕾挑戰、「古董」概念的出現、芳香產品王國的建立。

伏爾泰曾經說：「在路易十四治埋下不僅發生了偉大事件，而且是因他而發生。」此言果然不假。

龐巴杜夫人：
洛可可女神

這位在巴黎出生的美人，父親於一七二五年因為醜聞與負債纏身，被逐出法國。富翁勒諾曼・德杜漢（Le Normant de Tournehem）成了她的法定監護人，不過有歷史學家懷疑他才是生父。珍娜－安端奈特・普瓦松（Jeanne-Antoinette Poisson）在九歲時，母親帶她去算命，算命仙就告知她有朝一日會擄獲國王的心。當時家人也僅姑妄聽之，而這個小女孩不是別人，就是未來傾城傾國的龐巴杜夫人（Marquise de Pompadour, 1721-1763）！

因緣際會？還是悉心安排？

據說國王與她的相識並非巧遇，而是這位極富心機美女有意的安排。譬如王家打獵時經過她家附近的樹林，她於是坐在馬車上，故意吸引路易十五的注意。不過他們關鍵的相會則是於一七四五年

龐巴杜夫人是位聰慧的絕世美女，引領洛可可風騷，創造了所謂的「龐巴杜玫瑰紅」，令人感覺幸福的顏色。

François Boucher, *Madame de Pompadour (1721-1764)*, 1759, Wallace Collection, London

二月凡爾賽宮中的一次化裝舞會：「紫杉木舞會」。當時國王扮成紫杉木，珍娜則扮演牧羊女的角色。後來國王被她的美貌所吸引，於是脫下面具找她攀談。到了三月，她已成了國王的情婦。標準的速食愛情！

後來龐巴杜夫人不僅是路易十五的情婦，也是當時宮中實質的女主人，更是法國政治幕後的操縱者。眾所周知，若要謀得一官半職，與其找國王，還不如找龐巴杜夫人來得穩當，就姑且稱之為當時凡爾賽宮最有影響力的人吧。慧黠如伏爾泰就曾藉由她獲得宮廷的職位和津貼。龐巴杜夫人美麗聰穎，藝術品味不錯，但在處理國家大事上卻絕非是箇中好手，法國被捲入七年戰爭（1756-1763）一敗塗地，喪失了大量的海外殖民地，她難辭其咎，因為一些策略是出於她草率的決定。

洛可可狂潮

龐巴杜夫人衷情於藝術，特別推崇夢幻及羅曼蒂克氣息，講究輕巧細緻的洛可可風，這股膚淺但又奢華的格調，立刻風靡了整個歐洲宮廷，大家莫不爭相以法國王室時尚為模仿對象。事實上，當代藝術風格的興起往往取決於宗教與王室貴族這兩大關鍵。

興盛於十六、十七世紀的巴洛克便是服膺於宗教信仰，而源自室內裝飾的洛可可風則是從宮廷中產生。總體而言，路易十四末期巴洛克的建築設計中漸漸融入自然元素，如一些花葉的紋理、狀似火焰的捲曲線條和扇形貝殼等，配合C型、S型及螺旋花紋等曲線的變化，淡化了巴洛克原先講究厚重磅礴的氣勢，整體空間裝飾顯得輕快細膩許多，這便形成了洛可可風。比如法式傢俱上那些細緻繁瑣的雕花，像芭蕾舞者般的椅腳都是代表之作，難怪眾人要稱她為洛可可女神。一七三〇年代，洛可可風達到頂峰，由法國擴及歐洲各地，這段時期它也和東方中國文化接軌，更多不對稱的組合型態，有別於古典風格，且一再顯現於瓷器、餐具、建築空間裡，不一而足，它是從建築延伸出來的藝術風格，亦間接感染了當代的服裝設計。

將洛可可文化發揚光大，龐巴杜夫人功不可沒，由於她致力於為學者爭取發言空間，便在自己的莊園開設沙龍，吸引文人雅士們前來暢所欲言。除此之外，龐巴杜夫人亦對裝飾藝術、瓷器與建築特別有興趣，我們可以從布歇（François Boucher）的畫中發現，路易十五時期華麗的傢俱，雕工特別細緻，而龐巴杜夫人的衣裙上出現不少蕾絲、緞帶蝴蝶結等，還有荷葉袖，這些都是洛可可風的元素，深深影響後世的服飾設計風格。而高級服飾的祕訣，就是將手工剪裁的服裝與文化象徵巧妙地互相結合。至於日後自奧地利嫁入

細緻繁瑣的雕花，如芭蕾舞者腿般的椅腳，都是洛可可風格的特色。

above: Design by Juste-Aurele Meissonnier, Paris, c. 1730; below: Design by Eduard Hau, 1880

法國的瑪麗皇后，可以說是龐巴杜式洛可可風的傳人，她延續了洛可可的審美精神。

巴洛克和洛可可藝術的靈感在服裝中尤其充分展現出來，在宮廷的菁英階層，身體的美化成了上流社會的生活中心，連日常使用的小玩意兒如扇子、提籃、肚兜、圍裙、手套、襪子都成了藝術精品。最奇特的時尚是以裝飾貼布在臉上做美人痣，把黑色貼布剪成太陽、星星、月亮月芽形狀，貼在眼睛旁、額頭或嘴角邊，真是太誇張了，女人的臉簡直快成了星象圖！龐巴杜髮型也是由瑪麗皇后推動的，女性是在前額留一綹捲髮，男性則將前方頭髮向上梳。沒想到這種髮型竟在一九六〇年代美國鄉村歌手和影星中大受歡迎，如馬龍・白蘭度（Marlon Brando）及詹姆斯・迪恩（James Dean）就很喜歡這種髮型。

文學藝術是附庸風雅的利器

龐巴杜夫人對文學也具濃厚興趣，她主持的沙龍活動，在當時最具號召力，許多知名人士，如伏爾泰、盧梭、狄德羅等都經常參與其中，口若懸河、辯才無礙的他們像眾星拱月般圍繞著這位權傾一時的寵姬美女，討論哲學問題、思想文化。此外，貴族文人們也談論建築、傢俱與室內設計，路易十五時代的傢俱，如今早已被當成古董收藏。而新詩朗誦、即興樂曲的演奏也是重要的社交活動，使法國的文學藝術因而更上一層樓。不容分說，她對啟蒙時代的理性主義具有相當程度的貢獻，孟德斯鳩的《法意》、盧梭的《民約論》、狄德羅主編的《百科全書》，對西方甚至全世界知識文明累積，都造成深遠的影響。

再者，龐巴杜夫人也會粉墨登場，是芭蕾舞、歌劇和話劇中的明星，她並曾主演和導演過六十二部歌劇、話劇和芭蕾舞劇，共演出一百二十二場。達官貴人淑女名媛爭奇鬥豔，無戲不與，這對藝文活動的促進，以及宮廷貴族們的凝聚力，都起了極大的作用。想要接近這位路易十五時期最有權力的女人，琴棋書畫便是打入這個圈子的終南捷徑，當然，這也成為了大布爾喬亞階級變成上層階級的必備條件，並逐漸形成社會評論人的一種價值觀。

不勝枚舉的藝術精品

自從二十四歲成了路易十五的情婦後，她便擔任起藝術女神的角色，蔚為洛可可藝術的積極倡導者。龐巴杜夫人委託工匠製作了大量的肖像畫、雕塑、版畫和瓷器，為凡爾賽宮最重要的消費者，法國著名的官窯賽弗樂（Sèvres）瓷器工廠也是在她的贊助下成立

布歇為龐巴杜夫人的御用畫師，畫作色彩淡雅，他並為夫人裝飾居所。

François Boucher, *Le Dejeuner*, 1739, Musée du Louvre

的。還有，此時王公貴族成為畫中人物，鮮明細緻的用色表現出空間和人物的表情。而華鐸（Jean Antoine Watteau）所描繪的貴族生活，恰恰道盡當時服裝特色及社經背景。至於布歇當然是夫人最寵愛的畫家，他的畫作多以人物生活細節為主，令人們清晰地見識到當時法國美術在空間與人物穿著的處理。布歇不只在巴黎的貴族及宮廷中大受歡迎，還為龐巴杜夫人裝飾居所，設計傢俱、地毯、壁紙，並指導她學習藝術，當時他曾以裝飾凡爾賽宮的「王妃廳」而名噪一時。還有弗拉戈納爾在成為龐巴杜夫人寵愛的畫師之後，還曾幫她設計金銀首飾、扇子和拖鞋。

龐巴杜這個漂亮的女人總是穿著華麗的服裝出現於凡爾賽宮的慶典儀式或其他重要的場合，她的洛可可趣味在貴族女性圈內，很快成為風靡歐洲的流行樣板。那是個肉體享樂時代，女人們把身體的每一個部位都設計成可供觀賞的元素——如誇張頭飾、挑逗的黑痣、低胸的領口、大量的薄紗裝飾、繁複的蕾絲花邊，洛可可趣味在此也可引伸為優雅的色情藝術。

水晶水晶亮晶晶

有項藝術精品絕不能漏失：水晶。它是從礦物中提煉出來，晶瑩剔透、聲音清脆。水晶杯本始於英國，後來流傳到法國，這可能是七年戰爭替法國帶來的意外之福吧。巴卡哈（Baccarat）是位於法國東北部，佛日山（Les Vosges）下的森林小鎮，自古居民以伐木為生。路易十五時代，當地的拉瓦爾（Montmorency Laval）主教有感法國因七年戰爭令人民生活陷入絕境，向路易十五請願，在巴卡哈設置「巴卡哈水晶玻璃工廠」（Crystal Baccarat），此舉著實解救了不少造成社會問題的失業人口。它與其他水晶玻璃最關鍵的差別，在於鉛的含量。至一七八一年，法國的水晶製造藝術和技術已與英國並駕齊驅，一七八五年時，巴卡哈的工廠一躍成為全歐第三大玻璃製造廠。巴卡哈重量感十足的扁平切割技術、細緻的鑽石切割、纖細優美的蝕割、柔和的雕刻和豪華的金彩，令人嘆為觀止，這是巴卡哈水晶玻璃的特色，它因而博得「王者水晶」的美名。一八二八年，為紀念查理十世造訪巴卡哈村時而製造的「王者水晶」（De la Royauté à la République）為一款深紅色的甜酒杯，其切割技術登峰造極，據說連一釐米的誤差都不容許。

一八七八年，巴卡哈在巴黎萬國博覽會展出的「摺綴」（drapé）系列奪冠之後，其產品受到路易十八及世界各國王公貴族的喜愛。精益求精的巴卡哈，於一八八九、一九〇〇年的巴黎萬國博覽會，又再度奪得最高榮譽，其「清晰」（Decanter）系列的複刻版極具紀念收藏價值。

近來這項傳統精品又增加了運用琺瑯技巧的複刻、色彩豐富的玻璃系列等，技法更豐富多元，台北的大百貨公司也可發現它的蹤跡。事實上，巴卡哈如今是法國擁有最多最優秀工匠的企業，共計四十四位。在巴黎的天堂街（Rue Paradis），玻璃器皿與陶瓷精品的專賣店競相爭豔，其中最顯眼的莫過於巴卡哈博物館，整棟建築物猶如以水晶打造般，既優美又莊嚴。館內各式各樣的名貴器物則按年代陳設，如刻上路易十八、法國歷屆總統、俄羅斯、土耳其、印度等皇帝徽章的玻璃杯。

巴卡哈之名乃起源於羅馬的寺院「Bacchiara」，而該寺院的守護神就是酒神巴克斯（Bacchus）。講究葡萄酒文化的人不可錯過巴卡哈依傳統品酒藝術研製出的葡萄酒杯及水晶醒酒壺，如波爾多的紅酒杯微縮橢圓杯口，勃根地肚圓口寬的葡萄酒杯，還有令琥珀色氣泡清透緩升的香檳高腳杯。香檳之王泰廷爵（Taittinger）家族，發現其和巴卡哈水晶杯簡直是絕配，促成了兩大集團合併，也算是美事一樁。尚有更出名的是水晶做的香水瓶，著名的「迪奧小姐」（Miss Dior）和「鍾愛」（J'adore）的香水瓶身，都出自於巴卡哈。泰廷爵家族很喜愛將商業與藝術融合為一，並經常做些水晶製品藝術的推廣活動。

建築鱗爪

龐巴杜夫人在建築方面最顯著的斧鑿痕跡，就是巴黎的賽弗樂瓷器廠和陸軍士官學校（Ecole militaire）。在她的影響下，賽弗樂瓷器成為書桌上必備的高級流行飾品，其經典的粉紅色也因此稱為龐巴杜玫瑰紅（Rose Pompadour），在洛可可時代，粉紅色也成了禮拜儀式的色彩；而她喜愛的建築形式與裝飾藝術，被稱為「龐巴杜風格」。此外，她還參與設計了巴黎協和廣場，並和凡爾賽宮的建築師加布里埃爾（Ange Jacques Gabriel）設計小提亞農宮（Le petit Trianon），它正巧也呈龐巴杜玫瑰紅色系。這裡靠近凡爾賽花園的大運河，但卻可以遠離凡爾賽宮的喧囂與奢靡，宛如世外桃源。後來洛可可風的傳人瑪麗·安端奈特成為新女主人，將小提亞農花園改為英國式花園，再配合龐巴杜夫人的洛可可藝術風格的新古典主義別墅，還建造了有農田、魚池、擠牛奶房、織布間的農舍，供王后和她的摯友們打扮成農夫農婦嬉戲玩耍，因而被稱之為「王后的村舍」。

而龐巴杜夫人亦不忘提拔家人，她的弟弟馬里尼（Marigny）曾赴義大利學藝，回法國後，負責巴黎的王室建築，主持藝術和城市建設委員會工作達二十多年，路易十五宮（後來的艾麗舍宮）及波旁大橋，都可見證他對巴黎城市建築的貢獻。

宮廷盛宴

法王路易十五最愛三件事：食物、狩獵和女人，而龐巴杜夫人便是最能滿足他的女性。龐巴杜夫人雖出於商人世家，但受過良好教育，很擅長交際，是位聰慧的美女，又極富品味。她能夠為國王創造一個祕密空間，且能令國王盡情享受、追逐愛情的歡愉。她對於餐桌美味珍餚及器皿的擺設，更是煞費心思；至此巴洛克式食物美學造型藝術被法國皇室推向高峰。

十七世紀的歐洲，荷蘭獨佔當時東亞一帶的貿易活動，而最受歡迎的舶來品就是從中國和日本運來的瓷器。它們精緻漂亮，王公貴族更是愛不釋手，然而其價格昂貴，荷蘭人所獲得的暴利更令人垂涎。因此歐洲各國無不處心積慮爭相在自己國家製造瓷器，若成功的話，便可掌握歐洲部分財富。

原本路易十五的宮殿，就是現在的艾麗舍宮，法國總統的官邸。

« Élysée Palace 2009 » by Ex13 - Own work. Licensed under CC BY-SA 3.0 via Commons - https://commons.wikimedia.org/wiki/File:%C3%89lys%C3%A9e_Palace_2009.JPG#/media/File:%C3%89lys%C3%A9e_Palace_2009.JPG

有此一說，法國瓷器誕生於一七四〇年，是兩個義大利製陶工人在凡爾賽宮附近避難，並成立了一家陶藝工坊，後來被宮中的人發現。為了方便龐巴杜夫人前往參觀，這間小工廠在一七五六年搬往賽弗樂。但由於皇室在陶器上的開銷過大，使得路易十五不得不在三年後將之收歸國有，正式納為官窯。

又另有一說，當時法國是由駐中國的傳教士偷得製造瓷器的祕方，一七五六年在賽弗樂燒製官窯，而龐巴杜夫人就是最大的支持者。龐巴杜玫瑰紅代表沉穩的玫瑰色，還有明亮的土耳其藍，令人聯想起嫩草的顏色，周圍再鑲上金邊，並在白底處描繪田園景致，可說是優雅的法國典型作品。其中，賽弗樂最著名的當屬「賽弗樂深藍」及「鎏金賽弗樂」，特別受到法國王室的青睞，且在路易十五的支持下，法國製作的餐具迅速湧入大量訂單，有的是特別訂製，有的是當作禮物餽贈，這些餐具開始流入維也納、斯德哥爾

精巧細緻的賽弗樂瓷器，大受歐洲上階層者的喜愛。

« Sèvres Porcelain Manufactory - Pair of Vases - Walters 48566, 48567 - Group » by Manufacture nationale de Sèvres - Walters Art Museum: Home page Info about artwork. Licensed under Public Domain via Commons - https://commons.wikimedia.org/wiki/File:S%C3%A8vres_Porcelain_Manufactory_-_Pair_of_Vases_-_Walters_48566,_48567_-_Group.jpg#/media/File:S%C3%A8vres_Porcelain_Manufactory_-_Pair_of_Vases_-_Walters_48566,_48567_-_Group.jpg

摩、哥本哈根，甚至聖彼得堡。而宮廷中人們使用這些豪華瓷器享受法式餐飲時，以龐巴杜夫人的名字命名的招牌甜點「龐巴杜夫人餡餅」可不能少。如今巴黎的摩里斯大飯店中，尚有華麗的龐巴杜沙龍廳，以緬懷這位洛可可女王。

伏爾泰在龐巴杜夫人過世時就曾說：「路易十四所帶動的是威嚴、宏大、華麗的巴洛克時尚；龐巴杜夫人所提倡的是一種精緻、細膩、繁複又帶有高雅氣息的洛可可風，前者為男性陽剛之美，而後者則是女性的雅緻。」這可說是對法國十七、十八世紀宮廷文化最精闢的註腳。

此外，布希亞・薩瓦蘭（Anthelme Brillat-Savarin, 1755-1826）這位美食家由果溯因，善於分析、習於雄辯，對歷史典故深具研究，並兼顧實用和愉悅、美味和美感，他的敏銳感知及超人的鑑賞力，將法式美食拉到西方餐飲美學登峰造極的經典地位；他出版的《味覺生理學》（*La physiologie du goût*），也被美食家們奉為圭臬，是部必讀的鉅作。薩瓦蘭提出了嚴肅的見解，且不忘穿插許多趣聞軼事、飲酒歌，生花妙語，亦給予如何舉辦晚宴的好點子，提供歷史典故以及獨到見解的格言。他的論述不僅鞏固法國美食王國的形象，也讓路易十五時代的餐飲藝術聲勢不墜。

再者，美食論述的傳播，更奠定了法國在美食王國不朽的鞏固地位，另一位美食家格里蒙・德・拉雷涅（Balthasar Laurent Grimod de la Reynière, 1758-1837），所著的《饕客年鑑》（*Almanach des gourmands*）亦功不可沒。一八〇八年，他更進一步將這類內容集結成冊，將之定名為《東道主手冊》（*Manuel des Amphitryons*），作者認為饕餮、涵養合宜的舉止互有密切關聯，真正的饕餮學，是高尚的教養，亦是項生活藝術品味。

有了老饕背書，美食藝術方能晉身於文化產業之列，尤其二十世紀講求休閒文化，應順勢將地方美食特色變成觀光王牌。而法國美食觀光業及汽車業的發展具深厚淵源，這又是一個無心插柳的例子：法國輪胎公司米其林，起初只是提供在公路上奔波的卡車司機們一些可歇腳休息的小餐館推薦名單，其實是為了做輪胎廣告。《米其林指南》（*Guide Michelin*）誕生於一九〇一年，直到一九二〇年代才開始推薦食物，評鑑餐廳並標上星等，逐漸形成一座美食殿堂。如今《米其林指南》早已非侷限於法國，甚至還出了東京、香港、澳門版的紅色米其林！台灣則已經有綠色米其林旅遊指南。

別忘了米其林原是家輪胎公司，它的創意何止僅止於此，可愛的米其林寶寶也與時俱進，過幾年就變換造型，替米其林塑造新形象；企業還設計了多款超萌明信片，讓觀光客在度假時寄給親朋好友，間接也為該公司做了廣告；還有夏日海灘使用的游泳圈、水球，也是米其林輪胎的副產品。這家百年老店就是因為能不斷發揮想像力，與周邊事業相連結，方能屢創佳績，立於不敗之地。

接著法國又有各種美食指南應運而生，鼓吹各地美饌佳餚，一步步將庶民美食提升為珍貴的文化資產，並與其他光榮史蹟或名勝古蹟加以連結，相互拉抬。饕饗之學一旦蔚為風氣，被視為可以產生歸屬感的生活藝術，一種文化就成了能夠塑造族群認同的傳統資產，那麼它被列為文化資產之林便言之有理了。於是法國政府毫不遲疑地於二〇一〇年將法式的飲宴學問、用餐對話、美食標準以及身為東道主的藝術，包裹申請法國傳統美食列入聯合國教科文組織「非物質文化遺產」。該項通過案，讓法國饕饗王國的地位更加鞏固，令名榮獲國際認證。而法國政府不為此自滿，再接再厲，還舉辦了法國美食之都的選拔，結果四個城市（第戎、里昂、韓吉、杜爾）脫穎而出，成為國家級重點發展的法國美食重鎮，並與觀光休閒產業緊密結合。

瑪麗皇后：
天真的拜金女

在奧地利備受嬌寵的瑪麗・安端奈特公主（Marie Antoinette, 1755-1793）嫁給法王路易十六，分明就是場政治聯姻秀，但天真活潑的她不喜歡拘謹繁瑣的宮廷禮儀，最關心的事就是和裁縫或髮型設計師討論她的服飾及髮型；錦衣玉食，有錢有閒便是她視為理所當然的生活方式。再加上當時法國民間的反奧情緒，就有人把這位奧地利女子（Autrichienne），稱作 l'autre chienne（意為「別人的母狗」）。還有，她給老百姓的印象經常是玩樂、奢豪，因此還被封為「赤字夫人」（Madame Déficit）。

瑪麗皇后多變的肖像畫

瑪麗・安端奈特天生麗質難自棄，絲毫不會忽略自己的美貌，也懂得借助藝術家來展示自己迷人的形象與魅力，以滿足自戀的虛

波旁王朝沒落的代罪羔羊——紅顏薄命的瑪麗・安端奈特。

Martin van Meytens, *Portrait of Marie Antoinette (1755-1793)*, c. 1767-1768, Schloss Schönbrunn, Vienna

榮心，而藝術家或工匠們也樂於以她做為表現女性纖巧、柔媚以及甜美的典範。其中勒布倫（Elisabeth-Louise Vigée Le Brun）最能獲得皇后的讚賞，原因是兩人同齡，且愛好歌唱、自由，並欣賞盧梭的思想，所以她成了皇后的知己，這位女畫家也在皇后身上找到其畫風理想的表達方式。

不論瑪麗皇后是出於表現個人的虛榮，抑或是對藝術真正的愛好，但她畢竟是個非常重要的贊助者，當代時尚與品味的最佳代言人，她身為一國之后，動見瞻觀，不可能絲毫沒有政治影響力，但絕對與路易十四完全不同。後者有意識地利用自己的喜好和品味，發揮政治功能與影響力；而瑪麗・安端奈特只是天真地追求個人的愉悅及偏好，她的風格以親切、和諧為特徵，有別於路易十四、路易十五時代意在炫耀王室的博大及奢華。

皇后的小裁縫

瑪麗皇后的服飾繁複多樣，依場合、季節各有不同，要滿足她的欲求，就得有位超級裁縫師，而羅絲・貝兒坦（Rose Bertin）對皇后而言，重要性無可取代。她雖出身底層，但在裁縫界卻是佼佼者，她的出現打破了市民不得出入王后閨房的宮廷禁忌。貝兒坦小姐為瑪麗皇后設計不少華服，包括誇張的裙撐，繁複的蕾絲裙擺；不過，最特別的還是髮型師雷歐納（Léonard）和貝兒坦共同創造了怪誕的帆船造型，結果竟引起仿效。也因為貝兒坦深得瑪麗皇后青睞，被當時宮廷人士戲稱為時尚部部長。現在大家總算明白為什麼當時法國的門楣比較高一些了吧，這樣才能任這群花蝴蝶自在地穿梭其間呀！

貝兒坦的影響力不僅限於法國，值得一提的是一七七三年她在聖奧諾雷街（Rue St. Honoré）設立了一個服裝製作組織「大摩歌」（Grand Mogo），每月一次將一個全新時尚打扮好的洋娃娃——迷你模特兒，送到外國宮廷或巨富豪宅去，遍及英國、俄國、西班牙、葡萄牙、德國、義大利、斯堪地那維亞、君士坦丁堡和美國。這可說是第一個具國際聲譽的服裝製作組織，也是法國時尚再次展現其影響力的方式。法蘭西帝國不但販賣商品，也銷售品味，並蔚為風靡一時的瑪麗熱，法國巴黎的宮廷時尚地位因此更加牢不可破。如今這些洋娃娃早成了古董，是收藏家爭相搜購的目標。

況且，羅絲・貝兒坦還是個有生意頭腦的服裝設計師，不論哪個貴婦如何請託，她絕不肯馬上設計與瑪麗皇后類似款式的服飾，必定讓皇后先引領時尚風騷才行，不能讓其他人與皇后撞衫。由於經過熱切的等待，更覺得難能可貴，因此願意乖乖掏出大筆銀兩添購華服。這可說是「飢餓哲學」的最佳例證。

要命的髮型

十八世紀法國殖民地遍布世界各地，瑪麗皇后有一陣子突發奇想，對鳥羽毛製品大感興趣，她要求大臣們從世界各地進口珍奇羽毛，做為髮飾或服飾配件，於是歐洲上流仕女們掀起一股羽毛製品熱。有一回她的髮型設計師為了要讓皇后在宴會上壓倒群芳，居然將一只裝了金絲雀的籠子梳進她挑高的頭髮中，讓她無論走到哪兒都能聽見悅耳的鳥語（不過鳥兒要怎麼方便呀?!）；從此，不管是瑪麗皇后的髮型或插滿羽毛的髮飾，都在上流圈流行起來。也有貴婦把頭髮盤得高高的（將近一公尺），坐馬車時為了怕頭髮碰到車頂，而得將頭伸出窗外，或者只好跪在地上以保護髮型。此外，有的人會模仿庭園景致，將頭髮塑造成包括小橋、流水、山丘、風車等造型；也曾有夫人為了不讓裝飾髮型的鮮花枯萎，將盛了水的瓶子裝飾在頭上！也有人受殖民主義影響，設計了大帆船造型的髮式。好一個「髮不驚人死不休」。

二十世紀中葉，興起一陣尋古風，高聳髮髻，雍容華貴的造型，深受時尚攝影界鍾愛，更令不少攝影師為之瘋狂。此外，瑪麗皇后也將奧地利的風尚帶入法國，利用花卉製造成髮粉，在當時亦掀起一陣旋風。雖然她儼然成為了當時歐洲時尚的代言人，但也因為這些豪奢招搖行徑，種下她最後上了斷頭台的悲慘命運。

都是香水惹的禍

據說瑪麗・安端奈特沉溺於她最愛的香水：「皇后香蹤」（Le Sillage de la Reine），結果成了逃亡時啟人疑竇而遭致被逮捕的致命過失。有一派的說法是，當時有個警覺性高的女僕，觀察到皇后胸

勒布倫為瑪麗皇后所畫的傑作，佈滿羽飾的帽子為特色，它們可是手下辛苦於世界各地搜集來的羽毛。

Louise Élisabeth Vigée Le Brun, *Marie Antoinette*, 1783, Collection of the prince Ludwig von Hessen und bei Rhein, Wolfsgarten Castle, German

前塞滿香水，似乎有逃亡意圖，因此鳴了警笛；另一派則認為，瑪麗皇后逃命時，身上散發濃郁香氣，和隨行旅客的臭味形成強烈對比，因而洩漏了身分。原來凱薩琳皇后時代香水與毒藥僅一線之隔，如今落到瑪麗皇后身上，也成了致她於死的「劇毒」。另一位招搖的貴婦是路易十五的情婦杜巴麗夫人，她淘氣討喜，但卻缺乏文化素養，最後的命運也是上了斷頭台，不過可不像瑪麗皇后如此「優雅」歸天，最後一刻，完全花容失色，哭著求饒……

而一向哈法的日本人，其化妝品大廠資生堂，也曾推出「瑪麗皇后香水」。法國大革命期間，瑪麗皇后慘遭處決，但如今已是二十一世紀，她仍在流行文化與歷史上佔重要席位，法國也開始為她平反，甚至以她之名推出限量的「瑪麗香水」，以表示其尊貴；另外，黛堡皇家級巧克力也出了一款瑪麗皇后巧克力。

維也納的甜點

法蘭西帝國積弱不振，其實在路易十四晚期，因王室的好大喜功、揮霍無度，國庫空虛，早有腐敗徵兆。到了路易十六時代，當人民溫飽都出現問題時，積怨爆發，不可收拾。可憐的瑪麗皇后生不逢時，大臣告訴她：「老百姓連麵包都沒得吃了。」她竟回答：「何不吃蛋糕？」（其實這是口耳相傳的笑話，瑪麗皇后是否真的說過這句話已經不可考，只是盧梭還挺大嘴巴的，在《懺悔錄》〔*Les Confessions*〕的第六卷中含沙射影地記上一筆。）這和「何不食肉糜」具異曲同工之效，激起群眾對這位「外國拜金女」的不滿，事件總得找個代罪羔羊吧，於是「外國人」、「女人」即成了眾矢之的，大家洩憤的對象，因此她上斷頭台的下場也就不出乎意料了。

有此一說，早在十二世紀時，法國某些鄉下地方稱彎形麵包為

「小牛角」，而牛角的形狀又讓人聯想到「彎月」。在當時，每逢逾越節時，修道院的僧侶們會製作牛角麵包當作餐點，象徵基督的誕生。不過提起法式甜點，由於瑪麗公主出嫁至法國，也將奧地利的甜食帶入，因此法文中的 viennoiserie，即表甜點，字源來自 Vienne（維也納）。又有這麼一說，現今大家耳熟能詳的法國可頌（croissant）據說是源自奧地利，土耳其奧圖曼帝國攻打奧地利時，一位英勇的麵包師夜裡發現敵人潛入城裡，於是將麵包做成敵方旗幟上的新月符號，藉以競相走告。然而它經過法國糕點師傅精益求精的巧手，已內化成法國文化的一部分：它成為法國人尤其週末特別喜愛的早點。巴黎甜點名店拉杜麗也出了瑪麗・安端奈特系列精緻的馬卡龍。反之，可憐的馬卡龍輸入始祖凱薩琳皇后，竟然遭遺忘，一點也沒沾上光！

美女與馬鈴薯

馬鈴薯源自南美，為印地安人主食。西班牙人統治南美時，曾將馬鈴薯獻給菲利普二世，這是它登陸歐洲最早的文獻記載。馬鈴薯外型醜醜的，雖為外來植物，但不像番茄一般鮮豔多汁，因而招致「熱情淫蕩」之果的惡名。再加上它是無性生殖，可直接產生新芽，這又證實了它的「純潔無瑕」。這是哪門子的擬人謬論呀?!於是乎當時歐洲的菁英份子立刻愛上這種食物，不過認為應該給鄉下農民吃，這樣他們才有力氣幹活。

在義大利，他們穿鑿附會認為它的印加名字「帕帕」（papa），與教皇（pape）的發音近似，因此稱之為教皇的果實，梵蒂岡的道德指導體系更是不遺餘力鼓勵農夫嘗試這種「優良食物」。法國人則稱之為「土裡的蘋果」（pomme de terre），政府還印製了各種馬鈴薯食譜，以吸引民眾烹煮食用。

要改變人們的飲食習慣談何容易？這些手段仍不夠高明，後來植物學家帕芒蒂耶（Antoine-Augustin Parmentier）想出了一個妙招，他請求瑪麗皇后將馬鈴薯花戴在胸前，路易十六則利用凡爾賽宮宴客時，把馬鈴薯花別在鈕眼上，讓它沾上些許宮廷時尚色彩。而當時已鬧飢荒，為了以馬鈴薯代替短缺的麵粉，故意由路易十六授予帕芒蒂耶巴黎的兩塊地種植馬鈴薯，並大張旗鼓派人看守；農民以為那一定是樣好東西，才值得大費周章，因此趁夜裡摸黑偷偷前往拔取，品嚐之後，覺得可口，又兼有飽足感，此後它便成了老百姓的主食！諷刺的是，當時平民是因饑餓群起推翻王室，殊不知，設法解決日後法國老百姓溫飽的，也是這對波旁王朝不幸的末代皇帝和皇后啊！

二十一世紀，眾人並沒有忘卻好好利用這位風姿卓越、絕世美人的名聲，凡爾賽宮就曾開了先例，允許美國導演蘇菲亞・柯波拉（Sophia Coppola），租借場地拍攝耗資四千萬美元的《凡爾賽拜金女》（*Marie Antoinette*），這消息立刻成了頭條新聞，令瑪麗皇后迷雀躍不已。還有，如果您是瑪麗皇后的粉絲，千萬別錯過典藏萊儷（La Lique）的水晶耳飾，它的靈感即來自大美女的畫像呢；而賀諾（Raynaud）瓷器精品店的瑪麗・安端奈特餐具複製品，也可激起思古幽情；另外，瑪麗・安端奈特芭比娃娃，也會令小女生們尖叫！男生則可能較喜歡以凡爾賽領地曾因風災而被吹倒的樹木所製作的限量系列瑞士刀柄作紀念，上面刻著瑪麗・安端奈特的名字縮寫——MA。

拿破崙：一代梟雄

拿破崙（Napoléon Bonaparte, 1769-1821）這個名字在義大利語的意思是「荒野雄獅」。他是法國軍事家、政治家與法學家，在法國大革命末期和法國大革命後對外戰爭中權力達到巔峰。於一八〇四至一八一五年在位，號稱拿破崙一世，人稱「法國人的皇帝」，這也是法國史上自胖子查理之後第二位享有此封號的法國皇帝。主政期間，他將大革命時期自由和民主的精神與資產階級的利益予以巧妙結合，其對外征戰和擴張，衝擊整個歐洲乃至全世界，帶來深遠的影響與變革。

名劍

修梅（Chaumet）這個珠寶品牌的創始人，瑪麗－艾田・尼多（Marie-Etienne Nitot）本來就是知名的珠寶商，首飾深受皇室貴族

驍勇善戰的拿破崙，對外的征戰及擴張，對世界帶來深遠影響。

Jérôme-Martin Langlois, Jacques-Louis David, *Bonaparte franchissant le Grand Saint-Bernard, 20 mai 1800*, 1802, Palace of Versailles

們的喜愛，其作品的主要靈感來自於義大利文藝復興和法國十八世紀的藝術，尤以製作皇冠最具代表性。

據說在拿破崙尚未當上皇帝的某一天，他行經尼多位於巴黎聖奧諾雷街的修梅珠寶店，馬車突然失控，恰巧翻倒在店門口，尼多立刻將馬車扶正，救出拿破崙，因此拿破崙視之為救命恩人。一八〇四年拿破崙稱帝，在聖母院舉行加冕儀式，典禮中的劍與皇冠，即出自尼多之手。一八一〇年，拿破崙迎娶奧皇法蘭茲一世的女兒瑪麗・露意絲（Marie Louise）公主，婚禮上她所配戴的寶石、皇冠、項鍊、髮飾等，亦全部由尼多一手包辦。

由於拿破崙的賞識，尼多聲名遠播，他不但成為王室的御用珠寶商，世界各國眾多達官貴人也成了他的客戶，後來甚至是英國皇室的御用廠商。

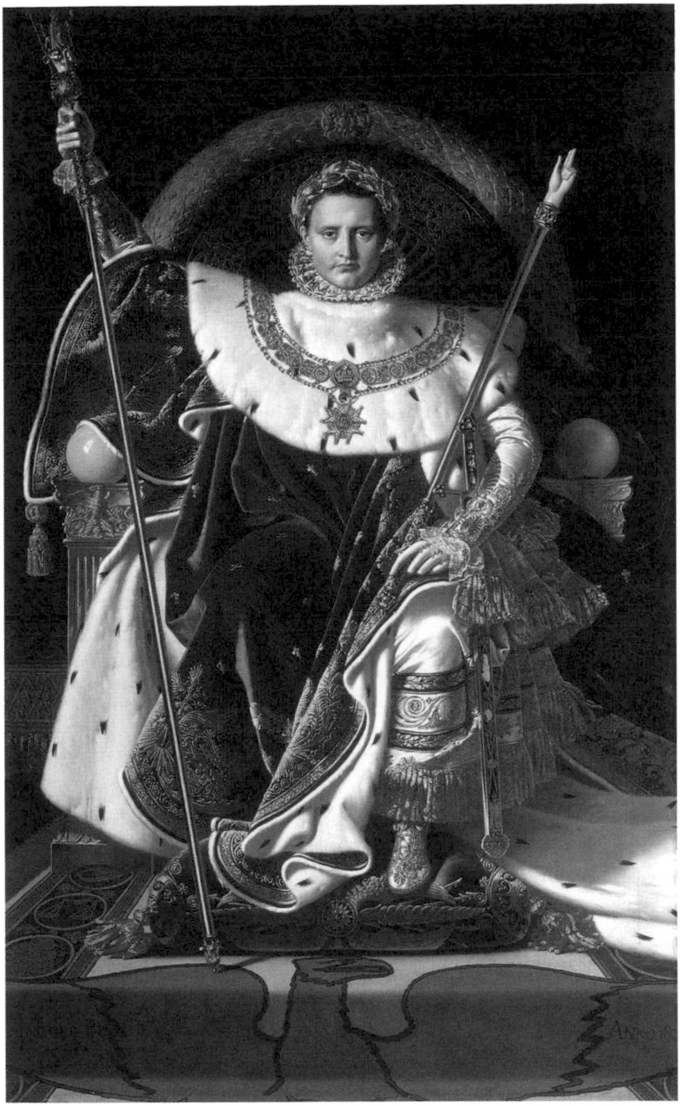

在聖母院的稱帝儀式，拿破崙佩戴的劍與皇冠出自知名珠寶商尼多之手。

Jean Auguste Dominique Ingres, *Napoléon Ier sur le trône imperial*, 1806, Musée de l'Armée

華麗珠寶

如果說繪畫、雕塑、新式傢俱、聚會排場為掌權者「合法化的象徵」，時尚的帶動更是彰顯權力的利器，其中璀燦晶亮的珠寶則尤其突出。拿破崙這位意欲證明自己威權的國王，在妻子約瑟芬（Joséphine de Beauharnais）的協助下，於一八〇〇年時規定出入其宮廷者，務必衣飾華麗，因而各種頭冠、胸花大行其道，成了帝王珠寶的偉大訂製時代。

在拿破崙三世堂妹瑪蒂德（Mathilde）公主的推薦下，卡地亞順利地將珠寶首飾推廣至法國王室，拿破崙三世的美嬌娘歐仁妮皇后自不容錯過，她也加入卡地亞（Cartier）貴賓的行列。為了擴展珠寶業版圖，卡地亞並積極與歐洲各國王建立良好關係，甚至在一戰乃至於二戰前夕，卡地亞奪得了歐洲十五國皇室的委任，其中尤得英王愛德華七世的青睞，因此將卡地亞譽為「皇帝的珠寶商，珠寶商的皇帝」（bijoux des rois, roi des bijoux），實至名歸。

昂貴華麗的珠寶，一方面可證明自己的身分地位，一方面也能在官方場合向主人表達敬意。而眾多珠寶中，頭冠最能象徵女性穿戴者的尊貴，它是新娘妝奩珠寶箱中必備的首飾。卡地亞也以打造最優雅的新娘珠寶箱和頭冠聞名，其中拿破崙弟弟的曾孫女瑪麗・波拿巴（Marie Bonaparte）的皇冠製作極為精美，一九〇七年她與喬治王子（Prince George）的大婚前數日，甚至特別將它置於店內櫥窗展示，讓路人大飽眼福。

值得一提的是，全世界第一款兼具裝飾及功能性的現代腕錶，就是由卡地亞所設計的。本來是為了解決巴西飛行家山度士・杜蒙（Alberto Santos-Dumont）在飛行時不方便看懷錶而專門打造的，後來融入珠寶鑲嵌的設計概念與技巧，使其呈現出尊貴華麗的質感。

氣味與女人

若要票選法國史上最受歡迎的皇后，約瑟芬極可能勝出，因為她甜美可人，溫柔又倔強。當時三十三歲離了婚的她，竟能擄獲沙場英雄拿破崙的心，譜出姊弟戀，必有其過人之處。據傳她在馬梅松城堡（Château de Malmaison）建造了一座大花園，其中種植了來自世界各地的三萬株玫瑰，此舉更是人類史上頭一遭以人工培育玫瑰花。約瑟芬並延請當時知名的花卉圖譜畫家繪製所有花種，且集結成《玫瑰聖經》。她身上散發出的香氛或費洛蒙，早令人忽略了年幼時好啃甘蔗（她生於馬丁尼克島）滿口蛀牙的缺陷。

再贅述一遍有關氣味的一則小故事：有一回拿破崙在敘里宮（Sully）宴請各國駐法使節，當紳士、淑女、達官顯要齊聚一堂時，主人竟搞失蹤；侍從們一陣慌亂，終於發現拿破崙在自己房間呼呼大睡。（據說拿破崙一般平均每天僅睡五小時，任意打擾可吃不完兜著走！）眾人不知如何是好，最後想出一個辦法：讓皇帝聞聞他喜愛的乳酪，或許可喚起他的食慾而醒過來。於是侍從拿著盤子盛了乳酪放在拿破崙鼻下，沒想到他居然半夢半醒地一面推開盤子，一面喃喃地說：「約瑟芬，今天晚上不行！」再者，傳聞拿破崙在外征戰，有一回在班師回朝前，給約瑟芬寫了一封信，特別交代約瑟芬「不要洗澡」！

還有一件事可證明拿破崙對氣味頗敏感，他很喜歡古龍水的味道，據說每天早上都將一小瓶古龍水加入澡盆中，大洗皇家香氛泡泡浴。另外，據說當拿破崙與約瑟芬分手時，王后毫不吝惜地將許多麝香精撒在他倆於馬梅松城堡臥室的地毯上，希望拿破崙別忘記她。這又是個美人心機！可見香水的魅力無窮，它無聲勝有聲。

美酒

勃根地黃金山丘北部香柏丹（Gevrey Chambertin）的葡萄自中世紀起即相當知名，而真正將其名聲推上巔峰的，則是拿破崙。他對此地的紅酒情有獨鍾，據說連遠征戰場時都大量攜帶，甚至後來遭流放至聖勒那島（St. Hélène）時，由於當地無法順利取得這款美酒，拿破崙只好加水稀釋它來解癮。不論這則軼事真假如何，香柏丹紅酒遠近馳名，拿破崙為最佳推銷員當之無愧。

此外，有一款VSOP白蘭地也命名為「拿破崙」（Napoléon），沾了這位一代梟雄的豪氣，你說賣不賣？這款白蘭地也是有段故事的。拿破崙深愛約瑟芬，但久婚不孕，只好選擇離異。弔詭的是，他以革命力量擊垮波旁王朝，登上王位，但卻在此時娶了瑪麗・安端奈特的姪孫女，奧地利哈布斯堡王族的瑪麗・露意絲公主。這對民主簡直是一大諷刺，也可見他對家世背景的嚴重自卑心，非要攀上貴族世家才干休。當然，首要任務是要生個龍子，經過幾番折騰之後，終於在一八一一年喜獲麟兒。這一年出現彗星，葡萄也大豐收，為了紀念皇太子的誕生與大豐收，白蘭地製造商便以「拿破崙」命名之。

美食外交

當代法國廚藝的傳布，主要是透過兩種方式：一為食譜書的流傳，另一則是法國廚師紛紛應聘至歐洲各國的宮廷或豪門。拿破崙本身不是美食家，但他深知飲食是項外交利器，於一八〇四年便吩咐外交大臣塔列杭（Charles-Maurice de Talleyrand）買下瓦朗塞城堡（Château de Vallençay），並將它改建為社交聚會場所，接待外國要員。據悉，他舉辦的餐會結束前的那一杯小咖啡，包含了四個祕密：灼燒的感覺猶如地獄、濃黑的色澤如同魔鬼、其香醇好比天使、甜蜜則若愛情！這杯臨別咖啡具畫龍點睛的效果，令人意猶未盡、欲罷不能。而且塔列杭還找來卡瑞蒙（Marie-Antoine Carême, 1783-1833），欲以法國料理擄獲全歐外交官的胃，讓他更能發揮其外交長才。再者，塔列杭並要求這位大廚設計一整年的菜單，且菜色不得重複，還限定只能採用當季食材。由於長官的嚴苛，也因而造就了法國御廚卡瑞蒙菜色創新多變的本領。他們兩人的合作無間，令當時法國外交餐會完美得無懈可擊。

卡瑞蒙不僅廚藝高超，且是位美食理論家，他的料理不但口味精緻，也非常重視整體裝飾與優雅的格調，這些觀念和做法，最後均收錄於他一套五冊的《十九世紀法國料理藝術大全》（*L'art de la Cuisine Française au XIXe siècle*）裡，其中，奢華裝飾為這套作品的重

拿破崙時代作為接待外國要員、社交聚會場所的瓦朗塞城堡。

« Valencay-chateau-1 » par Jean-Christophe Benoist - Travail personnel. Sous licence CC BY 3.0 via Wikimedia Commons - https://commons.wikimedia.org/wiki/File:Valencay-chateau-1.jpg#/media/File:Valencay-chateau-1.jpg

心，書中介紹的開胃菜更是以驚人的方式擺盤，除了具仔細建構的外型外，還會使用各種裝飾串叉，以搭建成各種形狀。現今有多道食譜仍以卡瑞蒙的名字來命名，如：「馬利－安東南・卡瑞蒙雞麵」（Coq enpâte Marie-AntoninCarême）、「馬利－安東南・卡瑞蒙羊肚菌圓餡餅」（Timbland de Morilles Marie-Antonin Carême）、「馬利－安東南・卡瑞蒙水煮箬鰨魚」（Sole poché Marie-Antonin Carême）、「馬利－安東南・卡瑞蒙奶油雉雞」（Faisan à la crème Marie-Antonin Carême）等。卡瑞蒙甚至改變了廚房，「工欲善其事，必先利其器」，他還相當注重模具和燉鍋等各種廚具的設計。

值得一提的，尚有他發明的經典廚師白高帽子。據傳聞，卡瑞蒙某天見饗客戴了頂白高帽，非常搶眼，於是訂製了一頂更高的帽子，此舉果然引起所有客人注意，生意更加蒸蒸日上，於是許多廚子也紛紛效尤。

拿破崙失勢後，這位名廚卻沒失業，他立刻被網羅到倫敦擔任喬治四世攝政王、奧地利皇帝法蘭茲一世、俄羅斯亞歷山大一世的料理長，時勢造英雄，他反而將法國料理發揚光大。後來俄羅斯甚至為學習法國較為先進的飲食文化，在餐桌上不僅使用法語，且雇用法國主廚，當然更是遵守法式餐飲禮儀，令人彷彿有時空錯置的奇妙感覺。卡瑞蒙確實地證實了「行行出狀元」這句話，只要是該行業的佼佼者，一技在身，即可行遍天下。

歐仁妮皇后：帝國餘暉

拿破崙三世的美麗嬌妻歐仁妮皇后（Eugénie de Montijo, 1826-1920），對塑造品牌的影響力甚鉅，她的雍容華貴和良好教養，儼然成了法蘭西皇帝最佳的貼身大使與代言人；她的一顰一笑，一舉手、一投足，在歐洲上流社會動見觀瞻，並引發話題。

嬌蘭香水

一八二八年創立的嬌蘭（Guerlain），於一八三〇年開發了第一款香水，命名為皇家古龍水（L'eau de Cologne impériale），並在一八五三年專為歐仁妮皇后設計香水，做為她與拿破崙三世的結婚賀禮。這圓形鍍金的瓶子，上面有一群以凸版印製的蜜蜂，代表不朽與重生，再配上拿破崙時代樣式的綠色標籤和代表皇家的老鷹標誌。他們的婚禮於巴黎聖母院舉行，教堂裡不時飄散優雅迷人的香

雍容華貴、氣質出眾的歐妮仁皇后，
外交手腕令人折服。

Franz Xaver Winterhalter, *Portrait de Eugénie de Montijo*, c. 1853, Musée d'Orsay

氣，這也成為大家口耳議論的話題；從此，歐洲皇室客戶因而絡繹不絕，爭購同款香水，嬌蘭因此深得歐仁妮皇后讚賞，也成了御用的調香師。

在嬌蘭香水初創的年代，香水只用在信紙、手套等物品上，不能往人體噴，因為當時唯有青樓女子才如此使用。嬌蘭創始人打破了這種成見，在一八三九年提供給客人專屬的個人香水，由於它的獨一無二，愈顯珍貴。這項創舉吸引了許多知名人士，巴爾札克（Honoré de Balzac）也不例外，他的小說《凱撒・比侯多》（*César Birotteau*）甚至還描述一位巴黎香水製造商的故事。

一九三一年，《小王子》（*Le Petit Prince*）作者聖修伯里（St. Exupéry）的另一本小說《夜間飛行》（*Vol de nuit*）問世，兩年後嬌蘭發表了同名香水，其瓶身造型為法國軍機，令人印象深刻。一九三三年的「Vol de nuit」除了向聖修伯里致敬外，還為了同年所創辦的法航（Air France），在香水瓶身上印了正在運轉的螺旋槳。這款香水如今早就成為古董收藏家的珍品。

總之，從義大利佛羅倫斯來到巴黎，嫁給亨利二世的凱薩琳‧德‧梅迪奇，隨身帶了調香師，主要目的本是為她調製毒劑以陷害政敵；到了十八世紀中，奧地利的瑪麗‧安端奈特嫁給路易十六，則帶入植物性香水；而真正將它發揚光大的是第二帝國的歐仁妮皇后。如今法國香水能在全球獨領風騷，這三位王后功不可沒。

卡地亞珠寶

珍珠在文藝復興時期是地位的象徵，展現權力與財富的方式。十七世紀初，亨利八世的情婦德埃絲特蕾（Gabrielle d'Estrées）獨愛珍珠，聽說她擁有三千五百顆極品。路易十四的母親，奧地利的安妮王后，最昂貴的收藏品即是一串令人覬覦的珍珠項鍊，然而在她兒子統治末期，鑽石取代了珍珠，成為最珍貴的珠寶。路易十四規定只有在宮廷大喪時才可配戴珍珠，其他場合則可盡情地炫耀擁有的鑽石。且珠寶製作在路易十四時期躍升為高雅藝術，鑽石商人樂意前往印度尋找頂級貨色，再加上當時的切割工匠技藝純熟，又有深諳鑽石潛力的珠寶藝術家和喜愛配戴的客群，因而掀起一股鑽石熱潮。十七世紀下半葉，巴黎已成了歐洲唯一具有切割工匠及設計師，能將最新風格化為完美的珠寶藝術之都。我們可以說，路易十四的品味決定了全世界展示寶石的方式，他與珠寶藝術家及工匠們聯手提升了鑽石的地位。

還有一家珠寶店也不能漏掉，若人稱卡地亞為「皇帝的珠寶商」，那麼麥蓋瑞則是「皇后的珠寶商」。麥蓋瑞家族經歷了法王路易十四、路易十五、路易十六，還有拿破崙執政的法蘭西第一帝國時代，以及菲利普國王統治的七月王朝。不論變化多端的政局如何震盪，麥蓋瑞家族作為皇室珠寶供應商的地位卻屹立不搖。除了法國皇室的王公貴族外，英國、瑞典、俄國、比利時、拉丁美洲，甚至遠東國家的王室和貴族也成為麥蓋瑞的顧客。

十七世紀初，由於政治上的目的，亨利四世來自義大利的妻子瑪麗・德・梅迪奇，決定給義大利北部倫巴底州三個村莊的村民授予居民貿易特權，他們可以在巴黎與法國境內開展商業活動，不必受貿易政策的限制。麥蓋瑞家族正好就位於所規定的村莊中，自然也就成了特權公民。之後，一件偶發事件進一步鞏固了麥蓋瑞家族的地位。據說村民獲得線報，麥蓋瑞家族的一位長老及時將針對路易十三的刺殺陰謀上報給王后，因而阻止了一場可能發生的悲劇。從此以後，麥蓋瑞的特權更受維護，這個家族的歷史也蒙上一層神祕色彩。

又有一說，麥蓋瑞家族的巴蒂普斯特，和其他家庭成員一樣，以在巴黎兜售珠寶為業，他很有商業頭腦，將珠寶攤位擺到凡爾賽宮的門口，結果生意日漸興隆。某年某月的某一天，路易十六的妻子瑪麗皇后發現他的首飾做工十分細膩，鳳心大悅，立刻添購了幾樣珠寶。雖然巴蒂普斯特不知道這位貴客就是王后，但憑著商人的敏感度，他隱約意識到這位氣度非凡、排場不俗的女子，必定是宮廷貴婦。靠著個人的機靈與質佳的珠寶，遂贏得瑪麗皇后的歡心，奇蹟般地成為皇后的御用珠寶商，並頒發給麥蓋瑞珠寶一張「皇后珠寶」的委任狀。不過普通人能在凡爾賽宮門口任意擺攤？皇后可隨處亂逛？這點要打問號。

到了拿破崙時代，麥蓋瑞在巴黎和平大街（Rue de la Paix）開了一家珠寶專賣店，很快地吸引了拿破崙妻子約瑟芬皇后的光顧，這似乎再次證明了麥蓋瑞珠寶的「皇后緣」。或許就是它的設計優雅和柔美，才獲得「皇后的珠寶商」的美譽。

除了替王公貴族製作珠寶之外，麥蓋瑞還為一些名人設計配劍，這些配劍的藝術價值與珠寶首飾並駕齊驅，都是舉世無雙的藝術品。其中最經典的，莫過於麥蓋瑞為法國華裔作家程抱一當選法蘭西學術院院士所設計的配劍，它成了一件融合中西文化與藝術的精品代表，也體現了東方文化中四君子「竹」的精神。

另外，拿破崙三世的妻子歐仁妮皇后一人成就了兩個著名的珠寶品牌：其一叫卡地亞，另一個是蒂凡妮（Tiffany）。卡地亞最早在巴黎的店就是為皇室服務的，歐仁妮當然是頭號客戶；甚至英國國王愛德華七世在加冕儀式時，特地訂製了二十七頂冕狀頭飾；之後十幾個國家的王室也紛紛下單。卡地亞因此被稱為「皇帝的珠寶商，珠寶商的皇帝」。而遠在大西洋彼岸美國的蒂凡妮，由於曾收購歐仁妮皇后一顆世界最大、質地最美的鮮黃色鑽石而聲名大噪，這顆寶石並已成為鎮店標記。當時在紐約曾辦了一場展示會，造成全球各地愛好珠寶者蜂擁而至，急於一睹這件稀世珍寶風采，蒂凡妮的成功行銷則為公司賺進大筆美金。

訂做服飾

歐仁妮皇后在服裝上亦極盡奢華之能事，衣服絕不穿第二次，這也讓周遭的貴婦不斷地訂製新衣，促進了訂做服飾的消費。而沃斯（Charles Frederick Worth）就是皇后御用的設計師，口袋自是飽滿。他並在巴黎開了高級服裝店，專門應付從歐洲各地宮廷如雪片飛來的高級服飾訂單。而所設計的克里諾林裙（crinolines）是一種以馬尾為針線編織成的裙撐，也有用上了漿的毛織品、絲綢、棉織品代替之，還可以繩子將鐵絲、鯨骨紮成；克里諾林式長裙被視為

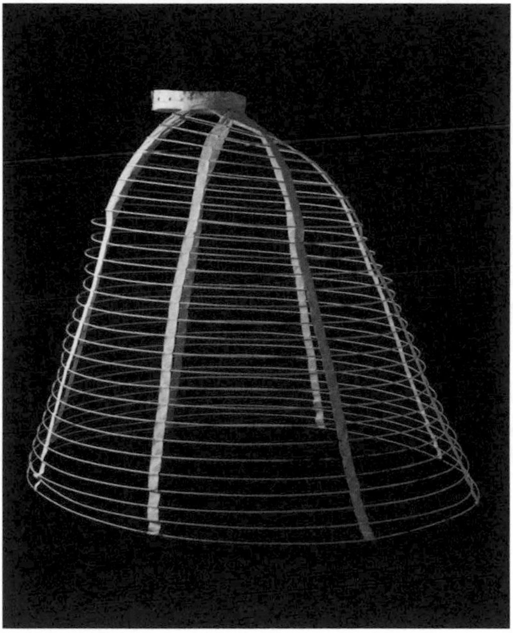

克里諾林式長裙被視為歷史上最美的裙子，裙撐可以繩子將鐵絲或鯨骨紮成。

above: Crinoline, 1862, Cartoon published in *Punch*; below: Woman's Cage Crinoline, c. 1685, Los Angeles County Museum of Art

豐腴女人誇張的衣裙，是當時極具代表性的服飾。

Georges Seurat, *A Sunday on La Grande Jatte*, 1884-1886, Art Institute of Chicago

歷史上最美的裙子，上面縫了多重花邊、小貝殼、緞帶、褶子等。秀拉（Georges Seurat）《大碗島的週日下午》（*Un dimanche après-midi à l'Île de la Grande Jatte*）一畫中，豐腴女人誇張的衣裙即頗具代表性。且十九世紀的喜鬧劇（Le boulevard），也會拿這種大蓬裙做題材，把它當成老公意外出現時，女性藏情人的好地方。

此外，寬邊的誇張帽子還有小洋傘，都是當時女人們重要的遮陽飾品，這與女性可自由出入公共場所，又想保持白皙皮膚有關。直到二十世紀香奈兒設計小巧易攜帶的小圓帽，這才發生了革命性的改變。

LV 行李箱

十九世紀上流社會因蒸汽機的發明，改變了交通工具的型態，開始出現輪船及火車，讓貴族與富豪階級出遊更加方便，因而興起一股旅行風，也開啟了觀光業先河。據說拿破崙三世太花心，與歐仁妮皇后感情不睦，她因而經常到各地旅遊解悶；而LV（Louis Vuitton）就是歐仁妮皇后旅行時衣物裝箱打包的王室御用業者。它所設計的旅行箱既美觀又方便耐用，成為長銷商品，也是品牌的代表作。路易・威登（Louis Vuitton）洞察機先，看到輕便旅行箱的未來，早在一八五八年推出扁平、亮灰色並上過塗料的帆布旅行箱，以方便在船隻或火車上層疊放。而且上塗料的帆布比皮革輕盈、堅韌又防水，因此受到名流的青睞。一八八九年巴黎萬國博覽會時，所展示的旅行箱驚嘆四座，勇奪商品設計金牌獎，它簡直就是個「移動的衣櫃」！如今不少名牌為了掌握客源，會透過送招牌商品換取名人代言或做免費廣告，而這些到處旅行、交際的名流，就成了它們的活廣告。甚至當第二帝國失勢，歐仁妮皇后走避英

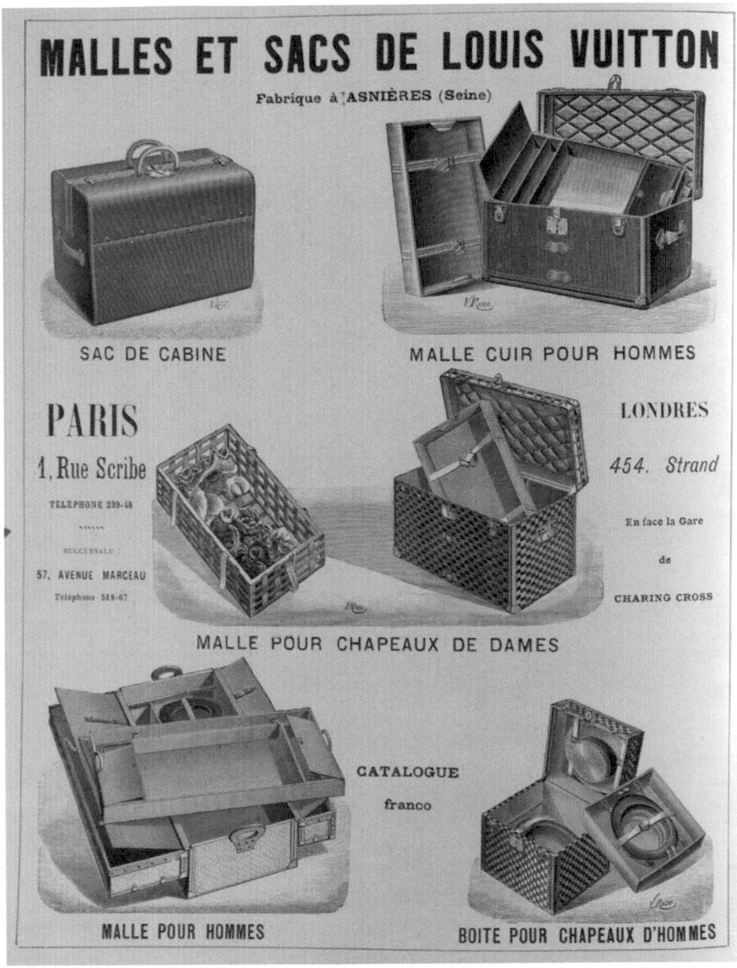

LV 的行李箱美觀耐用又方便，大受皇室喜愛，至今仍風靡全球。

Villanova University Digital Library, Advertisement for Louis Vuitton luggage, 1898, from *Le Théatre* (Juillet 1898), inside front cover

倫，就浩浩蕩蕩地攜帶了十五箱ＬＶ，好大的逃難排場！不過她可比「凡爾賽拜金女」瑪麗皇后幸運多了，不僅毫髮無傷還活到九十四歲呢！

關於威登有兩個傳說：一九一二年號稱「夢之船」的鐵達尼號（Titanic）在北大西洋撞到冰川沉入海底，多年後打撈船從沉船中拾起一只ＬＶ的硬質皮箱，然而箱子內部竟神奇地未滲入半滴海水。另一個傳說是，巴黎某富商家失火，整幢房子付之一炬，唯獨一個 LV Monogram 箱子外表雖已被薰黑變形，但裡頭的物品則完好如初。太神了吧！雖然有同業批評多款ＬＶ非皮製品，原料價格便宜，分明是賺取暴利，但它很緊實的高端製作技術，卻是不爭的事實，這點又再度證明法國人深諳提升附加價值的本事。

到了威登第二代經營時，有感仿冒猖獗，於是發明了獨特的五根羽毛鎖頭，其切口數與形狀各不相同，每個都獨一無二，且鑰匙還打上編號，只需檢查帳本，便知顧客大名。而在古老的帳冊中，不乏瑪琳・黛德麗（Marlène Dietrich）、香奈兒（Coco Chanel）、導演維斯康提（Luchino Visconti）等顯要人物的姓名。

LV的巨大行李箱以產於法國百年的白楊木製成，遵循古法切割，加以乾燥達五、六年，再組裝、打釘，用手工完成；時代雖在演進，但它的新品仍固守傳統工藝技術。不過，為了吸引日本客戶，還曾設計了一款櫻桃包，就是在傳統 Monogram 圖案上，加上幾顆櫻桃花樣點綴；此舉顯然毀譽參半，但在亞洲創下銷售佳績卻是不爭的事實。而佔據巴黎香榭大道上，LV的巨型模型手提箱，堪稱有史以來最招搖的廣告；二〇一五年，LV則推出多款迷你版LV背包，經典的 Monogram 迷你古董箱自不可少，還有手工亮片的織繡圖騰和豹紋圖案晚宴包，又是另一番風情。很特別的是，旗艦店樓上尚有個藝廊，是LV為了鼓勵新秀、發掘人才所設的，這真是個有格調、有眼光的時尚企業，它不僅賣商品又建立品牌形象，也尊重藝術與創意。此外，ＬＶ還在巴黎城西建立了一座威登博物館，更凸顯了該企業承先啟後的雄心。

再者，ＬＶ深諳名人宣傳效果，只要一舉辦時裝秀或分店開幕典禮，必邀名人貴客到場，並致贈可穿戴在身上的單品；當他們陸續出現於雜誌、電視甚至好萊塢，並配戴該品牌物件時，即無形替ＬＶ產品做了免費宣傳。雙方你情我願，置入性行銷就變得沒那麼「罪大惡極」了。

外交手腕

歐仁妮皇后可不是一只花瓶，她在外交方面的成就不讓鬚眉。一八五五年，她曾陪同拿破崙三世造訪英國維多利亞女王，這次訪問對正經受嚴峻考驗的英法聯盟至為關鍵。結果對方折服於拿破崙三世的直爽與決心，傾倒於歐仁妮皇后的主動和高雅風度，也因而讓歐仁妮皇后和維多利亞女王結下深厚的友誼，摒棄了兩國以往的成見。第二帝國沒落後，歐仁妮走避他鄉，會選擇英倫，想必其來有自。

另一則小故事亦能凸顯歐仁妮皇后的魅力。有回法國宮中舞會上邀請了一位貴客，普魯士的外交官俾斯麥（Otto von Bismarck）。這是在普法戰爭之前，客人對皇帝陛下的印象倒不深，卻對美麗大方、氣質非凡的皇后留下刻骨銘心的記憶；嚴厲如他被後人稱為「鐵血宰相」者，竟也拜倒在歐仁妮石榴裙下！

歐仁妮皇后舉止高雅，氣質出眾，人人周知，但她也是個外表和內在都很精明的女人，於出訪奧地利為馬克西米利安之死向蘇菲皇太后致意時，其態度之誠懇，語氣之真切，深深地打動對方，原先法國與奧地利宮廷間的恩恩怨怨，就此一筆勾銷。原來教養也是文化的一部分，它所發揮的軟實力不容小覷。

異國情調的中國館

歐仁妮皇后雖從未到中國旅行，但她深深明白八國聯軍中法軍所洗劫的圓明園物品可是稀世珍寶。一八六三年她建立了楓丹白露宮的中國館，館內陳列了明清時期的古董、金玉首飾、象牙雕刻、玉雕、景泰藍佛塔等上萬件藝術珍品，為法國統帥蒙托邦（Cousin Montauban）獻給拿破崙三世的戰利品。將這些寶物集中保存，彷彿小圓明園在歐洲重現，其中最老的物件是明代纏枝蓮紋青花盤。

直到今日，仍可見到中國館天花板上裝飾著珍貴的西藏唐卡，正面鑲嵌珠寶的珍奇座椅、屏風、宮扇，左側靠牆處有兩個大多寶閣櫃子，其中陳列著以珊瑚、田黃石、白玉等雕刻的各件擺設、古青銅器、精美瓷器，還有清朝皇上夏天戴的皇冠。順便一提，喜歡中國古玩的人，還可到巴黎北邊的香提堡（Château de Chantilly），在那兒有一整座廳的屋頂畫滿了孫悟空，而廳裡則展示了許多奇珍異寶。不過它們多是十八世紀時期的古物，我們則可藉此感受到當時的一股中國熱。

另外值得一說的是，一八五七年天文學家發現小行星45號。在十九世紀初，新發現的小行星一般以女神的名字命名之，然而此小行星卻以絕世美女歐仁妮皇后來命名，叫做 45 Eugenia，首開純粹以人名來命名小行星之風氣。一九九八年天文學家發現這顆小行星的衛星，於是命名為「小王子」（petit prince）。那可不是聖修伯里的《小王子》，而指的是她的兒子，陪伴在母親身邊的小王子！而且歐仁妮也是第一顆被發現擁有衛星的小行星。

結語

如今雖然王朝不存、帝國不在，人民歷經民主化過程的洗禮，卻從未放棄對美好事物的崇拜，精緻生活的追求。社會名流帶動的潮流，風行草偃的功效，蔚為當代的「政治正確」，人們亦盲從地行禮如儀。隨著消費力的提升、全球化的浪潮、媒體的快速傳播，各行各業的人生勝利組，更勇於選擇滿足自我慾望的方式，追逐夢想，以顯現其身分地位的特殊與認同。人類文明除了不斷創新、精益求精外，從老祖宗的智慧中發掘靈感、祕密也是一途，在想像與緬懷先人之餘，並將生活昇華至藝術的層次，才能到達眾人所望塵莫及的境界。然而有美好的歷史典故和優越的地理環境並不足成事，聰明的配套措施與政策配合才是王道。意外固然綺麗，鑒往知來的悉心經營更加踏實。法國人就曾這麼說：「我們沒有石油，但我們有的是創意。」（Nous n'avons pas de pétrole, mais nous avons des idées.）其實前述多項具法國特色眾人耳熟能詳的有形或無形文化資產，原本也非法蘭西獨有，不過，法國歷代君王的嚴謹要求和規定，經過不斷的改良，因而形成了它獨特的文化。而故事往往是刺激靈感的泉源；所謂朝薰夕染、家學淵博，甚至他山之石也不是沒有道理的，若能透過交流，觸類旁通並發揮智慧與創造力，人類文明更上一層樓則指日可待，進而發光發熱，締造另一文明高峰絕對可能。

而文化深耕的最佳途徑，就是培養國民美學素養。美感、美學可說是法國文化最重要的元素之一，其文化創意產業蓬勃發展的根源，是他人難以竊取的，藝文發想也是他國望塵莫及的。在法國家庭教育中，孩子從小被灌輸美學觀念，分辨美醜，表達好惡；在社會上，愛美更彷彿是「全民運動」，人們不吝惜對美的事物稱讚、仿效，包括美的衣服、美的妝扮；而櫥窗更是美的展現，任何一家小店的櫥窗都別出心裁，但同時也不忘表現個人風格，值得駐足細細觀賞。學校教育是培養孩子美學素養和欣賞藝文活動的重要管道，巴黎的兒童一個月總有幾天是到博物館或是美術館戶外教學，校方採啟發性教育，而非強迫式教法。如米其林大廚也曾到小學示範烹飪，讓兒童們從小就有機會品嚐到人間美味，這是種對味蕾的教育。

除了從根本的習氣培養、潛移默化著手，國家也傾全力扶持文創產業，包括實際的資金資助、租稅優惠，並鼓勵民間贊助，文化藝術工作者亦獲得適度的尊重和保障，已達近悅遠來的群聚效應。此外，法國政府也善用外交力量推動文創產業，長久以來，文化外交佔法國外交政策重要地位，並在國際間建立了一個龐大的文化宣傳網絡。法國雖是一個對自我文化頗自戀的國家，但近年來，法國就文創產業積極與他國合作（如合作拍片），在雙邊及多邊交流上不遺餘力，確實實踐了文化民主化與文化多元性的理念，企圖在文化全球化的狂潮之中，站在浪頭上。文化外交是柔性外交，也是外交策略中最容易深入他國人心的手段，這點台灣不妨學習法國，善用文化力量，以展現我國的軟實力。

法蘭西的生活藝術（Le savoir-vivre）對全人類造成重大的影響，它已是優質、雅致的代名詞，而法國人尤其會利用雜誌報導、圖書出版、傳媒、影視、演藝、文化遺產、藝術品等項目直攻人們的五感，透徹心扉，並建立品牌與口碑，進而對其文化留下深刻的印象，最後才恍然大悟其影響力的深遠。

相關影音參考資料

法蘭西斯一世：文藝復興藝術的保護神

- 《達文西密碼》（*Le Da Vinci Code*），奧黛莉・朵杜（Audrey Tautou）、湯姆・漢克斯（Tom Hanks）主演，2006
- 《誰偷走蒙娜麗莎》（*La Bandeà Picasso*），可倫模（Fernando Colomo）編導，斯坦利・韋伯（Stanly Weber）主演，2012
- 《蒙娜麗莎五〇〇年：達文西傳奇》（高美館視覺藝術影像資料庫），2014

凱薩琳皇后：帶動精緻文化的推手

- 《皇后的喜劇芭蕾》（*Ballet comiaque de la Reine*），1581

安妮公主：司司女王

- 《丁丁歷險記：法老王的雪茄》（*Cigare du Pharaon*），Hergé，1934
- 《丁丁歷險記》（*The adventure of Tintin*），史蒂芬・史匹柏（Steven Spieiberg）導演，2011
- 《路易・孩子王》（*Louis, enfant roi*），布朗雄（Roger Planchon）導演，一九九二年
- 《皇后為主教》（*La Reine est le Cardinal*），利維耶（Marc Rivière）導演，女主角為馬丁（Alessandra Martines），法國二台影片，2009
- 《濃情巧克力》（*Merci pour le chocolat*），夏伯爾（Claude Chabrol）導演，茱麗葉・畢諾許（Juilette Binoche）與強尼・戴普（Johnny Depp）主演，2000
- 《巧克力工廠》（*Charlie et la chocolaterie*），羅納・達爾（Ronald Dahl）作品改編，提姆・波頓（Tim Burton）導演，強尼・戴普主演，2005

- 《巧克力的祕密》（*Semisweet: Life in chocolate*），麥可・歐克（Michael Allcock）編導，天馬行空數位有限公司

路易十四：凡爾賽的太陽王

- 《凡爾賽故事》（*Si Versailles m'était conté*），沙夏・吉提（Sacha Guitry）編導，1954
- 《莫里哀》（*Molière*），穆依須金（Ariane Mnouchkine）導演，1978
- 《莫里哀》（*Molière*），迪哈德（Laurent Tirard）導演，2007
- 《鐵面人》（*The man in the iron mask*），李奧納多・狄卡皮歐（Leonardo Dicaprio）、傑瑞米・艾恩斯（Jeremy Irons）、約翰・馬克維奇（Jean Marcovitz）、傑哈德・巴狄厄（Gerard Depardieu）主演，大仲馬（Alexandre Dumas）小說改編，1998
- 《凡爾賽的即興劇》（*L'impromtu de Versailles*），莫里哀原著，電視演出，1999
- 《烈愛灼身》（*Vatel*），傑哈德・巴狄厄、烏瑪・舒曼（Uma Thurman）、提姆・羅斯（Tim Roth）主演，2000
- 《芭蕾喜劇》（*Comédie-Ballets*），呂利作曲，莫里哀編劇，CD，Erato Disque S.A.，1988
- 《國王跳舞》（*Le Roi Danse*），羅比昂（Gérard Lorbian）導演，呂利作曲，2000
- 《康熙大帝與路易十四》，http://renminbao.com/rmb/articles/2005/12/29/38874b.html

龐巴杜夫人：洛可可女神

- 《珍娜・普瓦松：龐巴杜侯爵夫人》（*Jeanne Poisson, Marquise de Pompadour*），電視劇，2006
- 《拉摩：愛的驚喜》（*Rameau: La Surprise de l'amour*），羅浮宮音樂家合奏團 CD，歷史人文—探討情婦一～三（Discovery DVD）

瑪麗皇后：天真的拜金女

- 《凡爾賽拜金女》（*Marie Antoinette*），蘇菲亞・柯波拉（Sophia Copolla）導演，2006

- 《情慾凡爾賽》(*Les Adieux à la reine*)，香塔・多瑪（Chantal Thomas）原著，班諾・賈克（Benoît Jacquot）編導，2012

拿破崙：一代梟雄

- 《馬賽曲》(*La Marseillaise*)，李斯特（Franz Liszt）作曲，1792
- 《貝多芬英雄交響曲》(*Eroica*)（原名《波拿巴大交響曲》），1803
- 《拿破崙情史》(*Désiré*)，馬龍・白蘭度（Maron Brando）主演，1954
- 《拿破崙傳》(*Napoléon*)，傑哈德・巴狄厄、伊莎貝拉・羅西里尼（Isabella Rossellini）主演，2002

歐仁妮皇后：帝國餘暉

- 《歐仁妮・德・蒙蒂若》(*Eugenia de Moritijo*)，盧比歐（José López Rubio）導演，1944
- 《皇帝的紫羅蘭》(*Violettes impériales*)，波蒂耶（Richard Pottier）導演，1952

參考書目

外文書目

- Barafto, Armond, *Danjou Jean-Luc & Jacquemin Philippe*, La Cuisine, Paris: Nathan, 1997
- Baurmeister, Ursula, *Livres en bouche: Cinq siècles d'art culinaire français, du quatorzième au dix-huitième siècle*, Paris: Hermann, éditeurs des sciences et des arts, bibliothèque nationale de France, 2001
- Bologne, Jean-Claude, *Histoire des café et des cafetiers*, Paris: Larousse, 1993
- Cuvillier, Dominique, *Les femmes sont-elles solubles dans la mode*, Paris: Ed des écrivains, 2002
- Davis, Fred, *Fashion, Cultures and identity*, Chicago: University of Chicago Press, 1992
- Dugast, Jacques, *La vie culturelle en Europe au tournant des XIXe et XXe siècle*, Presses Universitaires de France, 2001
- Jones, Jennifer, *Sexing La Mode: Gender, fashion, and commericial Culture in Old Régime France*, New York: Berg Publishers, 2004
- Lebas, Catherine & Jacques, Annie, éds., *La Coiffure en France du Moyen Age à nos jours*, Paris: Delmas International, 1979
- Melchoir-Bonnet, Sabine, ed., *Histoire du Miroir*, Imago, 1994
- Morris, Joan, *Fashion in costume 1200-2000*, The Herbert Press of A & C, 2000
- Pitte, Jean-Robert, *Gastronomie Française: Histoire et Géographie d'une passion* Paris: Librairie Arthène Fayard, 1991

譯文書目

- Baxter, John（約翰・巴克斯特）（傅葉譯），《尋找完美盛宴》，台北：四塊玉文創，2014
- Brillat-Savarin, Jean-Anthelme（敦一夫、傅麗娜譯），《廚房裡的哲學家》，台北：天下文化，2006
- DeJean, Joan（瓊恩・德尚）（顏湘如譯），《原來，我們的生活很巴黎》，台北：天下文化，2006

- Dumas, Alexandre（李妍譯）,《大仲馬美食詞典》，蘭州：古吳軒，2014
- Hirschfelder, Gunther（顧恩特・希旭菲爾德）（張志成譯）,《歐洲飲食文化：吃吃喝喝五千年》，台北：左岸，2008
- Lawlor, Laurie（羅勒）（歐陽昱譯）,《世界鞋史》，天津：百花文藝，2003
- Lehnert, Gertrud（格楚・萊娜特）（陳品秀譯）,《時尚小史》，台北：三言社，2007
- Merkle, Heidrun（海德倫・梅克勒）（薛文瑜譯）,《饗宴的歷史》，台北：左岸，2004
- Poulain, Jean-Pierre & Neirink, Edmond（尚－皮耶・普蘭、艾德蒙・納寧克）（林惠敏、林恩妤譯）,《法國美食精髓：藍帶美食與米其林榮耀的源流》，台北：如果，2013
- Quellier, Florent（佛羅杭・柯立葉）（陳蓁美、徐麗松譯）,《饞：貪吃的歷史》，台北：馬可波羅，2015
- Sakakibara, Eisuka（戴文彪譯）,《吃遍世界看經濟》，台北：財訊，2007
- Strong, Roy（陸劍豪譯）,《盛宴》，台北：藍鯨，2004
- Toussaint-Samat, Maguelonne（瑪格洛娜・圖桑－撒瑪）（譚鍾瑜譯）,《甜點的歷史》，台北：博雅書屋，2012
- Tulard, Jean（讓・蒂拉爾）（房一丁譯）,《拿破崙時代法國人的生活》，上海：上海人民出版社，2007
- Venblen, Thorstein（范伯倫）（李華夏譯）,《有閒階級論》，台北：左岸，2007
- Vines, Stephen（史蒂芬・韋安仕）（方淑惠譯）,《20位顛覆飲食潮流的革命家》，台北：三采，2014
- von der Heyden-Rynsch, Verena（愛蓮娜・封・德・海登－林許）（張志成譯）,《沙龍：失落的文化搖籃》，台北：左岸，2003
- 21世紀研究會（林郁芯譯）,《食物的世界地圖》，台北：時報，2007
- 淺岡敬史（蘇惠齡譯）,《法國瓷器之旅》，台北：麥田，2003

中文書目

- 世界歷史編委會，《一生一定要探索的法國72個祕密》，台北：西北國際，2010
- 何敬業，《世界文化史故事大系·法國卷》，上海：上海外語教育出版社，2003
- 何禕文，《法國細節》，上海：上海錦繡文章出版社，2014
- 吳泓渺，《大國文化心態·法國卷》，武漢：武漢大學出版社，2014
- 沈奇如，《激情巧克力》，台中：趨勢文化，2003
- 栗月靜，《趣味生活小史》，桂林：廣西師範大學出版社，2014
- 張薇，《華麗家族：時尚名門的經典創意與品牌傳奇》，哈爾濱：哈爾濱出版社，2009
- 許汝紘，《名畫中的時尚元素》，台北：華滋，2009
- 陳彬彬，《畫說歐洲王妃與情婦》，台北：晨星，2013
- 彭怡文，《隱藏的美味》，台北：商周，2012
- 辜振豐，《時尚秀：流行知識的歷史祕密》，台北：果實，2004
- 辜振豐，《歐洲摩登》，台北：花神文坊，2010
- 楊白勞，《世界歷史有一套之聞香法蘭西》，北京：現代，2012
- 楊道聖，《時尚的歷程》，北京：北京大學出版社，2013
- 劉顯聞，《邊走邊看法國歷史》，成都：四川人民出版社，2015
- 蔡倩文，《美食考：歐洲飲食文化地圖》，台北：貓頭鷹，2010
- 鄭順德，《法國美食歷史故事》，台北：黎明文化，2014
- 羅惠玲，《巴黎生活派》，台北：華成，2005
- 羅瑪，《服裝慾望史》，北京：新星，2010
- 顧建華，《衣食住行話文明》，北京：北京工業大學出版社，2008

國家圖書館出版品預行編目（CIP）資料

法國宮廷文化的創意美學 / 阮若缺著 .
-- 初版 . -- 臺北市：遠流，2015.12
面；　公分
ISBN 978-957-32-7755-2（平裝）

1. 文化史　2. 生活美學　3. 法國

742.3　　　104026070

法國宮廷文化的創意美學

作者：阮若缺
總策劃：國立政治大學創新與創造力研究中心
統籌：林月雲、劉吉軒
主編：曾淑正
企劃：叢昌瑜

發行人：王榮文
出版發行：遠流出版事業股份有限公司
地址：台北市南昌路二段 81 號 6 樓
劃撥帳號：0189456-1
電話：（02）23926899
傳真：（02）23926658

著作權顧問：蕭雄淋律師
2015 年 12 月　初版一刷
售價：新台幣 300 元

缺頁或破損的書，請寄回更換
有著作權・侵害必究 Printed in Taiwan
ISBN 978-957-32-7755-2（平裝）
GPN 1010402827

遠流博識網 http://www.ylib.com
E-mail: ylib@ylib.com

本書為教育部補助國立政治大學邁向頂尖大學計畫成果，
著作財產權歸國立政治大學所有